Marlies Klamt

Das Spiel mit den Möglichkeiten

Variantenfilme – Zwischen Multiperspektivität und Chaostheorie

FILM- UND MEDIENWISSENSCHAFT

Herausgegeben von Irmbert Schenk und Hans Jürgen Wulff

ISSN 1866-3397

20 Jonas Wegerer
    Der nahe Fremde: Der amerikanische Western in den Kinos der
    Bundesrepublik Deutschland (1948-1960)
    Eine rezeptionshistorische Analyse
    ISBN 978-3-8382-0307-2

21 Peter Podrez
    Der Sinn im Untergang
    Filmische Apokalypsen als Krisentexte im atomaren und ökologischen Diskurs
    ISBN 978-3-8382-0254-9

22 Yvonne Augustin
    Episodisches Erzählen im Film
    Alejandro González Iñárritus Filmtrilogie AMORES PERROS, 21 GRAMS und BABEL
    ISBN 978-3-8382-0335-5

23 Julia Steimle
    Fiktive Realität – reale Fiktion
    Realitätsebenen und ihre Integration im Hollywood-Backstage-Musical, untersucht anhand von THE
    BROADWAY MELODY, GOLD DIGGERS OF 1933, THE BAND WAGON, ALL THAT JAZZ und MOULIN ROUGE!
    ISBN 978-3-8382-0319-5

24 Jana Heberlein
    Die Neue Berliner Schule
    Zwischen Verflachung und Tiefe: Ein ästhetisches Spannungsfeld in den Filmen
    von Angela Schanelec
    ISBN 978-3-8382-0407-9

25 Karoline Stiefel
    Geistesblitze und Genialität – Bilder aus dem Gehirn des Detektivs
    Die Visualisierung von Imagination in den TV-Serien SHERLOCK und HOUSE, M.D.
    ISBN 978-3-8382-0522-9

26 Stephanie Boniberger
    Musical in Serie
    Von Buffy bis Grey's Anatomy: Über das reflexive Potential der special episodes amerikanischer TV-
    Serien
    ISBN 978-3-8382-0492-5

27 Phillip Dreher
    Morin und der Film als Spiegel
    Eine theoriegeschichtliche Verortung der Filmtheorie von Edgar Morin
    ISBN 978-3-8382-0486-4

28 Marlies Klamt
    Das Spiel mit den Möglichkeiten
    Variantenfilme – Zwischen Multiperspektivität und Chaostheorie
    ISBN 978-3-8382-0811-4

Marlies Klamt

DAS SPIEL MIT DEN MÖGLICHKEITEN

Variantenfilme – Zwischen Multiperspektivität und Chaostheorie

ibidem-Verlag
Stuttgart

Bibliografische Information der Deutschen Nationalbibliothek
Die Deutsche Nationalbibliothek verzeichnet diese Publikation in der Deutschen Nationalbibliografie; detaillierte bibliografische Daten sind im Internet über http://dnb.d-nb.de abrufbar.

Bibliographic information published by the Deutsche Nationalbibliothek
Die Deutsche Nationalbibliothek lists this publication in the Deutsche Nationalbibliografie; detailed bibliographic data are available in the Internet at http://dnb.d-nb.de.

Coverabbildung: #49499572 | © olly - Fotolia.com

∞
Gedruckt auf alterungsbeständigem, säurefreien Papier
Printed on acid-free paper

ISSN: 1866-3397

ISBN-13: 978-3-8382-0811-4

© *ibidem*-Verlag
Stuttgart 2015

Alle Rechte vorbehalten

Das Werk einschließlich aller seiner Teile ist urheberrechtlich geschützt. Jede Verwertung außerhalb der engen Grenzen des Urheberrechtsgesetzes ist ohne Zustimmung des Verlages unzulässig und strafbar. Dies gilt insbesondere für Vervielfältigungen, Übersetzungen, Mikroverfilmungen und elektronische Speicherformen sowie die Einspeicherung und Verarbeitung in elektronischen Systemen.

All rights reserved. No part of this publication may be reproduced, stored in or introduced into a retrieval system, or transmitted, in any form, or by any means (electronical, mechanical, photocopying, recording or otherwise) without the prior written permission of the publisher. Any person who does any unauthorized act in relation to this publication may be liable to criminal prosecution and civil claims for damages.

Printed in Germany

Inhaltsverzeichnis

1 EINLEITUNG 9

2 DAS ERZÄHLPRINZIP VARIANTENFILM 15

2.1 Der Variantenfilm: Definition und Kategorisierung 15

2.2 Der Variantenfilm im Vergleich mit anderen Erzählprinzipien 20

3 DER PERSPEKTIVENBASIERTE VARIANTENFILM 27

3.1 Perspektive in Kunst, Literatur und Philosophie 27

3.2 Multiperspektive Erzählweise und Wahrheit in RASHOMON 39

3.3 Neurowissenschaftliche und wahrnehmungspsychologische Grundlagen der Wahrnehmung 48

3.4 Der Radikale Konstruktivismus 54

3.5 Konstruktivistische Tendenzen in À LA FOLIE... PAS DU TOUT 63

4 DER EREIGNISBASIERTE VARIANTENFILM 77

4.1 Variantenfilme unter dem Vorzeichen der digitalen Technik 77

4.2 LOLA RENNT im Kontext der Digitalisierung 87

4.3 Interdisziplinäre Untersuchung des Zufalls 96

4.4 Der Zufall in PRZYPADEK 112

5 SCHLUSSBETRACHTUNG 125

6 QUELLENVERZEICHNIS 131

6.1 Literaturverzeichnis 131

6.2 Filmverzeichnis 140

Abbildungsverzeichnis

Abbildung 1: Perspektive und Wahrheit 37
Abbildung 2: Perspektive und Wahrheit RASHOMON 48
Abbildung 3: Müller-Lyer-Täuschung 53
Abbildung 4: Struktur À LA FOLIE „Episoden" 64
Abbildung 5: Struktur À LA FOLIE „Zeit" 64
Abbildung 6: Filmwirklichkeit Variante 1 À LA FOLIE 66
Abbildung 7: Filmwirklichkeit Variante 2 À LA FOLIE 66
Abbildung 8: Binäre Darstellung von 3 Bit 99
Abbildung 9: Binäre Darstellung von SMOKING / NO SMOKING. 101
Abbildung 10: Binäre Darstellung von PRZYPADEK 122

Tabellenverzeichnis

Tabelle 1: Systematisierung: perspektiven- vs. ereignisbasierte Variantenfilme...18

1 EINLEITUNG

Lola rennt im gleichnamigen Film (LOLA RENNT – Tykwer 1998) um das Leben ihres Freundes Manni, das sie nur mit 100.000 DM retten kann. Nach 20 Minuten stirbt sie, doch der Film endet nicht, sondern setzt wieder am Anfang ein. Wieder rennt Lola, dieses Mal hat Manni einen tödlichen Unfall. Drei Mal muss Lola laufen, bis die Geschichte ein gutes Ende findet. In RASHOMON (Kurosawa 1950) werden dem Publikum fünf gleichwertige Versionen eines Überfalls erzählt, bei dem ein Samurai getötet wird. Was wirklich geschehen ist, erfährt man erfährt nicht. Wegen des GROUNDHOG DAYs (Ramis 1993) muss der Moderator Phil wie jedes Jahr aus Punxatawny berichten. Er kann es nicht erwarten, dass der Tag vorübergeht. Als er am nächsten Morgen erwacht, ist wieder Murmeltiertag. Und am nächsten Tag wieder, und wieder, und wieder…

All diese Filme kann man als Variantenfilme bezeichnen, da sie eine Begebenheit in verschiedenen Varianten erzählen. Sie beziehen ihre Faszination aus dem Spiel mit den Möglichkeiten, das der Film in besonderer Weise visualisieren kann. Seit jeher war das Kino dafür prädestiniert, das Unmögliche möglich zu machen. Der Film eignet sich besonders dazu, die allgegenwärtigen Begrenzungen, die die linear voranschreitende Zeit dem menschlichen Dasein auferlegt, zu sprengen. Damit erlangen die Variantenfilme eine universelle Anziehungskraft, denn die möglichen Entwicklungen des Lebens und die Sehnsucht nach einer Überwindung der Zeit beschäftigen jeden Menschen, unabhängig von seinem Alter und seiner Kultur.

So kommen Variantenfilme aus allen Ländern und Kontinenten, von Hongkong (YING XIONG – Zhang 2002) bis Kanada (DRIFT – Lee 2002), von Frankreich (SMOKING / NO SMOKING – Resnais 1993, À LA FOLIE… PAS DU TOUT[1] – Colombani 2003) bis Polen (PRZYPADEK – Kieslowski 1987). Auch wenn es ver-

---

[1] Im Folgenden nur noch mit dem Kurztitel À LA FOLIE bezeichnet.

einzelt schon frühe Beispiele für Variantenfilme gibt (DER MÜDE TOD – Lang 1921, RASHOMON), ist ein vermehrtes Aufkommen ab dem Jahr 1990 zu verzeichnen.² Es scheint möglich, dass das Millennium, als ein die ganze Welt erfassendes Phänomen, zur Entstehung der Variantenfilme beigetragen hat. Jährlich überdenken Millionen Menschen ihr Leben um die Jahreswende, stellen sich selbst die Frage „Was wäre, wenn…". Es ist anzunehmen, dass sich dieses Gefühl der Unruhe im Millennium potenziert hat und in den Jahren zuvor und danach den emotionalen Zustand einer Generation bestimmt. Die Jahreswende bzw. der Jahrtausendwechsel markieren eine kulturell geprägte Schaltstelle, einen Zeitpunkt der Entscheidungen, an dem man sich der neuen Wege, die sich auftun, bewusst wird und den Möglichkeiten ins Auge blickt. Genau mit diesen Gabelpunkten beschäftigen sich viele der Variantenfilme. Die Unsicherheit ob der Zukunft rührt auch von der stetig voranschreitenden Globalisierung, durch die einerseits suggeriert wird, dass alles möglich ist, die andererseits aber beunruhigend wirkt, da man keinen klar vorgezeichneten Weg mehr hat. Doch das Lebensgefühl einer Epoche stellt sicherlich nur einen Einfluss auf die Entstehung der Variantenfilme dar.

Seit Beginn des 20. Jahrhunderts hat sich das Weltbild grundlegend verändert. Erkenntnisse in der Quantenphysik verweisen darauf, wie sehr die Prozesse in der Natur vom Zufall abhängen und bedingen eine Loslösung vom Determinismus als der einzig möglichen Erklärung. Die Neurowissenschaften haben sich weiterentwickelt und neue Erkenntnisse über die Funktionsweise des menschlichen Gehirns erbracht. Sie haben den Konstruktivitätscharakter der Wahrnehmung offenbart, welche die Wirklichkeit bei weitem nicht so spiegelgleich abbildet, wie lange angenommen, sondern sie individuell unter der Verwendung bewährter Regeln erschafft. Diese wissenschaftlichen Erkenntnisse finden ihren künstlerischen Niederschlag in den Variantenfilmen, die einerseits die Subjektivität der Wahrnehmung durch die Gegenüberstellung verschiedener gleichberech-

---

2   Schmöller, die sich mit einem ähnlichen Phänomen, den sogenannten „Forking Path"-Narrativen beschäftigt hat, konstatiert, dass von den 80 von ihr untersuchten Filmen 65 ab 1990 erschienen sind. Ab dem Jahr 1999 sieht sie eine nochmalige Steigerung an, denn über die Hälfte der Filme sind seitdem produziert worden (Schmöller, Verena: Was wäre, wenn… im Film. Spielfilme mit alternativen Handlungsverläufen. Marburg 2012, S. 22).

tigter Perspektiven ein- und desselben Geschehens aufzeigen und andererseits die Rolle des Zufalls thematisieren.³

Das Medium Film hat Ende des 20. Jahrhunderts einen grundlegenden Wandel erfahren. Fortschritte in der Technik ermöglichen es heute Filme auf jeder Produktionsstufe digital anzufertigen. Die Möglichkeit die – analog oder digital gedrehten – Aufnahmen digital zu schneiden, erlaubt einen anderen Umgang mit dem Bildmaterial, so dass nun schnell, problemlos und direkt auf jedes Einzelbild zugegriffen werden kann. Das kann ebenfalls ein potenzieller Faktor für das Aufkommen der Variantenfilme sein, wenn man davon ausgeht, dass der veränderte Arbeitsprozess neue narrative Strukturen hervorbringt. Es scheint jedoch unwahrscheinlich, dass der Variantenfilm die einzige Form ist, die sich aufgrund dieser Neuerungen entwickelt hat. Zeitgleich mit dem Aufkommen der Variantenfilme wurden die Kinos von einer Welle von Erzählexperimenten erfasst, die mit der Darstellung der Zeit und der verschiedenen Wirklichkeitsebenen experimentieren und dabei zuweilen unzuverlässig erzählen. Inwiefern es einen Zusammenhang zwischen diesem Trend und dem Aufkommen der Erzählform des Variantenfilms gibt, ist eine sich aufdrängende Frage, die es zu untersuchen gilt.

Dieser kurze Überblick über die möglichen Einflüsse auf die Variantenfilme hat gezeigt, aus welch unterschiedlichen Richtungen und Bereichen die Impulse zu deren Entstehung kommen könnten. Der Themenvielfalt des Variantenfilms kann nur mit einer fachübergreifenden, pluralistischen Herangehensweise Rechnung getragen werden, denn ein vielfältiges Untersuchungsobjekt erfordert immer auch eine breit gefächerte Betrachtungsweise. Dies ist vor allem deshalb nötig, weil Variantenfilme bisher noch nicht zureichend erforscht sind. Überschneidungen mit dem Thema Variantenfilme weisen unter anderem die Arbeiten des Filmwissenschaftlers David Bordwell zur Zukunft des Filmes[4], des Medienwissenschaftlers Florian Mundhenke zu Zufall im Film[5] und der Journalistin und Filmwissenschaftlerin Verena Schmöller zu Filmen mit narrativen Gabelungen[6]. Eine Ausnahme bilden zwei Arbeiten, die den Begriff der Variantenfilme explizit erwähnen, zum einen der Aufsatz „Patchwork der Pixel" der Filmtheore-

---

3   Schmöller hat im Hinblick auf Filme mit alternativen Handlungen ebenfalls darauf verwiesen, dass „(populär)wissenschaftliche[s] Wissen über Philosophie und Physik […] Grundlage vieler dieser Filme ist" (ebd., S. 15, Fußnote 10).
4   Bordwell, David: Poetics of Cinema. New York / Abingdon 2008. Siehe hier das Kapitel zu „Film Futures", S. 171-187.
5   Mundhenke, Florian: Zufall und Schicksal – Möglichkeit und Wirklichkeit. Erscheinungsweisen des Zufälligen im zeitgenössischen Film. Marburg 2008.
6   Schmöller (2012): Was wäre, wenn… im Film, a.a.O.

tikerin Susanne Weingarten[7] und zum anderen die Abschlussarbeit „Die Auflösung der linearen Narration im Film" von Jean-Luc Froidevaux[8]. Beide gehen allerdings nicht umfangreich auf die verschiedenen Aspekte des Phänomens Variantenfilms ein, sondern behandeln es im Zuge andere Phänomene wie Digitalisierung oder nonlinearer Erzählung im Film.

Das Ziel der vorliegenden Arbeit ist es, sich dem Forschungsgegenstand Variantenfilm interdisziplinär anzunähern, wobei der Fokus darauf liegt, die oben genannten potenziellen Einflüsse zu untersuchen. Dabei soll zum einen geklärt werden, wie groß der Einfluss der angesprochenen Disziplinen auf einzelne Filme tatsächlich ist, indem die theoretisch erbrachten Erkenntnisse auf filmische Kategorien wie Kameraführung, Montage und Ausstattung angewendet werden. Zum anderen soll ermittelt werden, ob es trotz der offensichtlichen Unterschiede in den Inhalten der Variantenfilme einen gemeinsamen Nenner gibt, der allen Filmen zugrunde liegt.

Da es nicht möglich ist, alle durch den Variantenfilm tangierten Bereiche zu untersuchen, muss eine Auswahl getroffen werden. Ziel dabei ist es, ein Gleichgewicht zu finden zwischen kinematografischen Ansätzen und solchen, die nicht genuin filmisch sind. Untersucht werden die Aspekte Perspektive, Konstruktivismus, Digitalisierung und Zufall. Es wird ausdrücklich darauf verwiesen, dass die vier herausgegriffenen Bereiche exemplarischen Charakter haben und theoretisch um andere Kategorien – beispielsweise Zeit und Wiederholung betreffend – erweitert werden können. Die vier ausgewählten Themenblöcke lassen sich aufgrund inhaltlicher und formaler Aspekte noch einmal in zwei Gruppen zusammenfassen.

Die erste davon beschäftigt sich mit Variantenfilmen, die auf der Variation von Perspektiven beruhen. Nach einem theoretischen Kapitel über Perspektive wird der Film RASHOMON unter dem Gesichtspunkt Perspektive analysiert. Darauf folgt ein Theorieteil über Radikalen Konstruktivismus, dem ein Kapitel vorangestellt ist, das neurowissenschaftliche und wahrnehmungspsychologische

---

[7] Weingarten, Susanne: Patchwork der Pixel. Zu den Folgen der Digitalisierung für die Filmästhetik. In: Kloock, Daniela (Hrsg.): Zukunft Kino. The End of the Reel World. Marburg 2008, S. 222-233.
[8] Froidevaux, Jean-Luc: Die Auflösung der linearen Narration im Film. 2003. http://www.studisurf.ch/_data/fileexchange/aufloesung_lineare_narration_im_film_ganz_blaettler.pdf. Zugriff am 10.08.2015.

Grundlagen erläutert. Dies ist nötig, da die Radikalen Konstruktivist*innen[9] auf dieser Ebene argumentieren. Im Anschluss daran wird À LA FOLIE auf seinen konstruktivistischen Bezug hin untersucht. Der zweiten Gruppe sind die Filme zugeordnet, die ihre Variationen aus dem mehrmaligen Aufzeigen des gleichen Ereignisses beziehen. Hier wird zunächst der Variantenfilm unter dem Vorzeichen des Digitalen betrachtet und davon ausgehend LOLA RENNT analysiert. Nach einer interdisziplinären Annährung an den Zufall wird PRZYPADEK, in dem der Zufall eine bedeutende Stellung einnimmt, einer Untersuchung unterzogen.

Im Fazit werden nicht nur die Ergebnisse zusammengefasst und die Gemeinsamkeiten der Variantenfilme herausgearbeitet, sondern auch Querbezüge zwischen den einzelnen Themen hergestellt. Zunächst jedoch ist eine Definition des Untersuchungsgegenstands vonnöten sowie ein Vergleich mit anderen filmischen Erzählstrukturen wie dem episodischen und dem unzuverlässigen Erzählen und den Erzählexperimenten.

---

[9] Um bestehende soziale Ungleichheiten nicht sprachlich zu verstärken, wird in dem vorliegenden Buch soweit möglich geschlechtergerechte Sprache verwendet. Das Sternchen dient dabei dazu, auch abseits von binären Geschlechterkonstruktionen Menschen aller Geschlechtsidentitäten sprachlich zu inkludieren. Für den bessern Lesefluss wird es hier stets ausschließlich in Kombination mit dem weiblichen Artikel verwendet.

2 DAS ERZÄHLPRINZIP VARIANTENFILM

2.1 Der Variantenfilm: Definition und Kategorisierung

Der Begriff „Variantenfilme" wurde von Weingarten eingeführt.[10] Zuvor wurde er bereits in einer Abschlussarbeit von Froidevaux verwendet.[11] Beide Autor*innen definieren den Begriff ähnlich. Während Froidevaux mit ihm Filme bezeichnet, die „eine unterschiedliche Anzahl *Varianten* einer Geschichte [erzählen]"[12], versteht Weingarten darunter Spielfilme, „in denen mehrere Fassungen desselben Ereignisses durchgespielt werden"[13]. Der Begriff Ereignis kann sich sowohl auf Mikroereignisse wie etwa Initialmomente beziehen als auch auf Makroereignisse wie zum Beispiel unterschiedliche Lebensentwürfe.[14] Dabei kann die Variation eines Mikroereignisses, etwa das Anzünden einer Zigarette oder der Verzicht darauf (SMOKING / NO SMOKING) oder das Erreichen oder Verpassen eines Zuges (PRZYPADEK, SLIDING DOORS – Howitt 1998), zu den unterschiedlichen Entwicklungen des Makroereignisses (hier des Lebensentwurfes) führen. Eine bestimmte Zeitspanne kann ebenfalls als ein Ereignis betrachtet werden wie beispielsweise in den Filmen GROUNDHOG DAY und 12.01 (Sholder 1993), in

---

[10] Weingarten (2008): Patchwork der Pixel, a.a.O., S. 229.
[11] Froidevaux (2003): Die Auflösung der linearen Narration im Film, a.a.O., S. 88. Die Arbeit von Froidevaux wurde nicht über einen Verlag publiziert und ist vermutlich infolgedessen wenig publiziert worden.
[12] Ebd., Hervorhebung im Original.
[13] Weingarten (2008): Patchwork der Pixel, a.a.O., S. 229.
[14] Der Ereignisbegriff wird hier in Anlehnung an Weingarten alltagssprachlich verwendet und nicht in einem semiotischen oder kommunikationswissenschaftlichen Verständnis. Zum semiotischen Ereignisbegriff vgl. z.B. Lotman, Jurij M.: Die Struktur literarischer Texte, München 1972; Renner, Karl N.: Grenze und Ereignis. Weiterführende Überlegungen zum Ereigniskonzept von J. M. Lotman. In: Lukas, Wolfgang; Gustav, Frank (Hrsg.): Norm – Grenze – Abweichung. Kultursemiotische Studien zu Literatur, Medien, Wirtschaft. Passau 2004, S. 357-381. Für den kulturwissenschaftlichen Ereignisbegriff siehe Kepplinger, Hans Mathias: Der Ereignisbegriff in der Publizistikwissenschaft. In: Publizistik (46), 2001, S. 117-139.

welchen jeweils ein Tag in einer Zeitschleife wiederholt wird. Der Ereignisbegriff umfasst demnach sowohl Initialmomente und Lebensentwürfe als auch Zeitspannen. Bei anderen Variantenfilmen wird ein Ereignis in unterschiedliche Perspektiven aufgefächert. Das Ereignis ist in diesem Fall eine bestimmte Begebenheit, die multiperspektivisch wiedergegeben wird, in RASHOMON zum Beispiel der Mord an einem Samurai, dessen Hergang aus der Sicht verschiedener Figuren beschrieben wird. Allen diesen Filmen gemeinsam ist, dass etwas wiederholt wird: eine Begebenheit, eine Zeitspanne, ein Lebensentwurf. Das jeweilige Ereignis wiederholt sich allerdings nicht genau gleich, sondern – manchmal mehr, manchmal weniger – abgewandelt.

Grundsätzlich können Variantenfilme aufgrund des Gegenstands der Variation in zwei Gruppen eingeteilt werden. Filme, die ein Ereignis aus unterschiedlichen Perspektiven zeigen, also multiperspektivisch erzählen, werden im Folgenden als ‚perspektivenbasierte Variantenfilme' bezeichnet. Dazu gehören beispielsweise YING XIONG und PRZYPADEK, aber auch À LA FOLIE – ein Film, welcher die Handlung zunächst aus einer subjektiven Perspektive erzählt, bevor er diesen Umstand offenbart und dieselbe Geschichte noch einmal von einem ‚neutralen' Standpunkt aus zeigt. Die zweite zu unterscheidende Gruppe bilden die ‚ereignisbasierten Variantenfilme', die auf der Variation von Ereignissen wie einer Zeitspanne oder einem Lebensentwurf beruhen. Dazu gehören GROUNDHOG DAY, in welchem der Murmeltiertag wiederholt wird sowie SLIDING DOORS und PRZYPADEK, die beide Varianten des Lebensentwurfes der jeweiligen Protagonist*in zeigen, welche ausgelöst werden durch das Initialmoment ‚Zug erreicht' – ‚Zug nicht erreicht'. Auch LOLA RENNT ist ein ereignisbasierter Variantenfilm, denn in Tykwers Film wird das Ereignis ‚Geld beschaffen' innerhalb einer bestimmten Zeitspanne variiert. Einen Sonderfall stellt FLIRT (Hartley 1995) dar, bei dem ein Ereignis – die mögliche Beendigung einer Affäre – von unterschiedlichen Figuren in wechselnden Milieus durchgespielt wird. Das Außergewöhnliche an diesem Film ist, dass nur die Figuren und der Schauplatz gewechselt werden, der Dialog jedoch nahezu wörtlich für alle Episoden übernommen wird. Zusammenfassend lässt sich feststellen: Perspektivenbasierte Variantenfilme erzählen eine Begebenheit aus unterschiedlichen Perspektiven, wohingegen ereignisbasierte Variantenfilme ein Ereignis in unterschiedlichen Variationen, aber aus einer Perspektive zeigen.

Einen weiteren Unterschied, der von Bedeutung ist, stellt die Ebene der Variation dar: Bei ereignisbasierten Variantenfilmen ist die Variation handlungsextern, weil sie durch die Struktur des Films festgelegt wird. Aus diesem Grund bedarf sie auch keiner Erklärung. Filme, die eine natürliche (50 FIRST DATES – Segal 1994, MELINDA AND MELINDA – Allen 2004) oder übernatürliche (THE MAN WITH RAIN IN HIS SHOES – Ripoll 1998) Erklärung für die Varianten bieten, kann man als ‚Variantenfilme zweiten Grades' bezeichnen. Auch 12.01 fällt in diese Kategorie, weil er die Zeitschleife im Rahmen der Science Fiction Handlung inhaltlich motiviert. Bei diesen Werken wird auf das Spezifische am Variantenfilm, die sofort ins Auge fallende und damit Sehgewohnheiten irritierende Variation, zugunsten einer maßgeblichen Einbindung in die Handlung verzichtet. Der Bruch mit der klassischen Narration wird also inhaltlich erklärt. Je mehr ein Film die Variation intradiegetisch einbezieht, desto weniger stark wird die Illusion ein ‚reales' Geschehen zu beobachten bei der Filmrezeption durch die Variation durchbrochen. Auch die Tatsache, dass sich die Protagonist*innen der Wiederholung der Zeit bewusst sind wie beispielsweise Phil in GROUNDHOG DAY, verstärkt diese Integration und schwächt die Auffälligkeit der Varianten ab. Dadurch stehen diese Variantenfilme der klassischen Erzählung näher. Die Filmwissenschaftlerin Kristin Thompson hat dargelegt, dass GROUNDHOG DAY den konventionellen Regeln der Hollywood-Dramaturgie folgt und trotz der Wiederholung der Zeit dem Muster „Exposition (set-up)", „Handlungsverwicklung (complication action)", „Entwicklung (development)" und „Höhepunkt […] (climax)"[15] entspricht. Außerdem nimmt der Protagonist das Geschehen trotz der Wiederholung des gleichen Tages als Kontinuum wahr. Man kann nicht immer strikt zwischen Variantenfilmen ersten und zweiten Grades unterscheiden, der Übergang ist fließend. Darüber hinaus gibt es noch Filme, die das Variantenhafte – erklärt oder unerklärt – nur noch peripher integrieren wie etwa IT'S A WONDERFUL LIFE (Capra 1946), in welchem ein Engel dem Protagonisten zeigt wie sich seine Heimatstadt ohne ihn entwickelt hätte, um ihn vom Selbstmord abzuhalten.

Perspektivenbasierte Variantenfilme siedeln die Variation auf der Erzählebene an, indem sie unterschiedliche Perspektiven der Figuren im Hinblick auf ein Ereignis aufzeigen. Hier ist deshalb auch kein Aufsprengen der Zeitkontinuität nötig, die Filme können die verschiedenen Versionen in eine Rahmenhandlung integrieren und in Rückblenden erzählen. Dass perspektivenbasierte Variantenfilme auch ohne Rahmenhandlung auskommen können, zeigt der Film VANTAGE POINT (Travis 2008), der einen Terroranschlag auf den amerikani-

---

15 Thompson, Kristin: Wiederholte Zeit und narrative Motivation in GROUNDHOG DAY / UND TÄGLICH GRÜSST DAS MURMELTIER. In: Rost, Andreas (Hrsg.): Zeit, Schnitt, Raum. Frankfurt a. M. 1997, S. 59-93, hier S. 62. Hervorhebung des Originals entfernt.

schen Präsidenten nacheinander aus unterschiedlichen Perspektiven zeigt. Allerdings wird er dem Konzept des perspektivenbasierten Variantenfilms nach ungefähr der Hälfte der Erzählzeit untreu, weil er dann nicht mehr jede Episode aus *einer* Figurenperspektive erzählt, sondern mehrere Blickwinkel vermischt. In dem perspektivenbasierten Variantenfilm À LA FOLIE wird auf markierte Rückblenden verzichtet und das Geschehen nach einem ‚visuellen Zurückspulen'[16] wie bei einem Video nochmals aus einer anderen Sicht gezeigt. Dadurch offenbart sich erst, dass es sich zuvor um den subjektiven Blick der Protagonistin gehandelt hat.[17] Auch im perspektivenbasierten Variantenfilm gibt es unterschiedlich ausgeprägte Grade der Integration des Variantenhaften. ATONEMENT (Wright 2007), in welchem einzelne Szenen aus unterschiedlichen Perspektiven gezeigt werden, ist ein Beispiel für einen Film, bei dem die Varianten nur eine sekundäre Rolle spielen. Die folgende Tabelle fasst die Unterschiede zwischen ereignis- und perspektivenbasierten Variantenfilm zusammen:

	Perspektivenbasierte Variantenfilme	Ereignisbasierte Variantenfilme
	Ein Ereignis wird aus verschiedenen Perspektiven gezeigt	Ein Ereignis wird mehrmals wiederholt (in Variation)
Gegenstand der Variation	Perspektive	Ereignis (Lebensentwürfe, Zeitspannen)
Beispielfilme	À LA FOLIE… PAS DU TOUT, RASHOMON, YING XIONG	DRIFT, GROUNDHOG DAY, LOLA RENNT, PRZYPADEK, SLIDING DOORS, SMOKING / NO SMOKING
Ursprung der Variation	Figuren im Film – durch ihre Perspektive	Film – durch seine Struktur
Ebene der Variation	Handlungsintern / intradiegetisch: auf der Erzählebene bzw. innerhalb der erzählten Welt	Handlungsextern / extradiegetisch: auf struktureller Ebene
Umsetzung	Mehrere Versionen eines Ereignisses durch Perspektiven in Rückblenden (oder im einfachen Wechsel wie z.B. bei À LA FOLIE)	Mehrere variierte Wiederholungen eines Ereignisses nacheinander oder parallel

Tabelle 1: Systematisierung: perspektiven- vs. ereignisbasierte Variantenfilme

---

[16] Auch VANTAGE POINT bedient sich dieser ästhetischen Form des ‚visuellen Zurückspulens' gleich einem Video, ebenso SLIDING DOORS, wobei hier das Zurückspulen nur eine kurze Zeitspanne von wenigen Sekunden (erzählter Zeit genauso wie Erzählzeit) erfasst.
[17] Inwiefern die zweite Variante bei À LA FOLIE wirklich eine objektive Sicht darstellt, gilt es in der Filmanalyse zu erläutern.

Schmöller schlägt eine ähnliche Systematisierung vor, die teilweise auf gleichen Kriterien beruht, zum Beispiel der Unterscheidung einer extra- versus einer intradiegetischen Ebene der Variation.[18] Da ihr Ausgangspunkt jedoch filmische Gabelungen sind und nicht Variationen, ist ihre Typenbildung hier nur bedingt relevant. So interessiert sie sich beispielsweise nicht für die Variation von Perspektiven. Sie unterscheidet drei Typen filmischer Gabelungen, wobei sie neben Filmen mit intradiegetischen Gabelungen, die Gemeinsamkeiten mit den perspektivenbasierten Variantenfilmen aufweisen, und Filmen mit extradiegetischen Gabelungen, die in etwa den ereignisbasierten Variantenfilmen entsprechen, noch einen dritten Typus einführt, den sie als Mischform der beiden ersten betrachtet.[19]

Eine Gemeinsamkeit der ereignis- und perspektivenbasierten Variantenfilme ist die Tendenz zur Selbstreflexivität. Erstere sind bereits durch ihre Struktur bis zu einem gewissen Grad selbstreflexiv, wenn sie unvermittelt die bisher konventionellen dramaturgischen Mitteln folgende Handlung abbrechen, abrupt an den Anfangspunkt zurückkehren und die Zuschauer*innen dabei immer wieder aus ihrer passiven Rezeptionshaltung reißen. Dadurch werden die Eigenschaften des Films als künstliches und künstlerisches Produkt hervorgehoben. Bei den perspektivenbasierten Variantenfilmen hingegen beruht die Selbstreflexivität weniger auf der radikalen Struktur, als auf der Betonung der für das Filmwesen charakteristischen Ausschnitthaftigkeit, die auf eine beschränkte und subjektabhängige Wahrnehmung der Wirklichkeit verweist. Aber auch auf inhaltlicher Ebene gibt es bei beiden Gruppen metafilmische Anspielungen, zum Beispiel wenn ein Fernsehteam im Mittelpunkt des Geschehens steht (GROUNDHOG DAY) und die Hauptfigur, der Moderator Phil, auf Monitoren zu sehen ist, oder wenn bei À LA FOLIE und anderen Variantenfilmen die Handlung wie bei einem Video an den Anfangspunkt ‚zurückgespult' wird.

Die Motivation für die Wahl des Erzählens in Varianten bildet ein weiteres Unterscheidungsmerkmal. Variantenfilme sind eine sehr divergente Kategorie von Filmen. Sie rekrutieren sich aus den unterschiedlichsten Genres, können Mainstream-, Independent- oder Arthouse-Filme sein, langsam erzählen oder einer Videoclip-Ästhetik folgen. Deshalb ist anzunehmen, dass die Entscheidung der Filmemacher*innen für das ‚Erzählprinzip Variantenfilm' aus unterschiedlichen Gründen erfolgt. In manchen Filmen wird das komödiantische Potenzial

---

[18] Vgl. Schmöller (2012): Was wäre, wenn… im Film, a.a.O., S. 81, Tabelle 2.
[19] Vgl. ebd.

ausgeschöpft, das der Wiederholung und Variation innewohnt (GROUNDHOG DAY), in anderen wird versucht moralische und ethische Vorstellungen zu vermitteln (RASHOMON). Es stellt sich die Frage, ob Variantenfilme trotz dieser Verschiedenartigkeit einen gemeinsamen Nenner haben. Nach einer gezielten Untersuchung einiger ausgewählter Variantenfilme – ausgehend von thematischen Schwerpunkten – soll die Hypothese überprüft werden, ob alle Variantenfilme sich im weitesten Sinn mit dem Themenkomplex von Wahrnehmung und Wirklichkeit beschäftigen. Zuvor werden die Variantenfilme jedoch in den Kontext bereits vorhandener Erzählprinzipien eingeordnet.

2.2 Der Variantenfilm im Vergleich mit anderen Erzählprinzipien

Die segmenthafte Form der Variantenfilme legt einen Bezug zum Episodischen nahe. Generell unterscheidet man zwischen Episodenfilmen und episodischem Erzählen im Film.[20] Episodenfilme sind laut des Filmwissenschaftlers und Produzenten Karsten Treber aufgebaut aus „einzelnen, zeitlich und räumlich in sich abgeschlossenen narrativen Segmenten, die auf der Handlungsebene keinen gegenseitigen Einfluss aufeinander nehmen können"[21]. Es gibt ein allen Episoden zugrundeliegendes Thema, aber jede einzelne Episode muss prinzipiell wie ein Kurzfilm für sich alleine funktionieren.[22] Episodisches Erzählen ist indessen ein „narratives Labyrinth"[23], bei dem es vor allem um die Vernetzung zwischen den – oftmals wechselnden – Haupt- und Nebenfiguren innerhalb des gleichen Aktionsraumes geht.[24]

Als Untergruppe des episodischen Erzählens nennt Treber Filme, die „potentielle Versionen ein und desselben Geschehens" zeigen, wobei die „Realität [...] als instabiler Raum der Möglichkeiten"[25] erscheint. Die Handlung erfährt eine unterschiedliche Entwicklung aufgrund verschiedener Perspektiven oder ausgelöst durch die großen Folgen kleiner Abweichungen. Mit dieser Definition und durch die genannten Beispiele – RASHOMON, SMOKING / NO SMOKING, LOLA RENNT und SLIDING DOORS – verweist Treber eindeutig auf die in dieser Arbeit

---

[20] Vgl. Treber, Karsten: Auf Abwegen. Episodisches Erzählen im Film. Remscheid 2005. S. 17-19; vgl. Schössler, Daniel: Episodenfilm. In: Koebner, Thomas (Hrsg.): Reclams Sachlexikon des Films. Stuttgart 2002, S. 144-145, hier S. 144.
[21] Treber (2005), Auf Abwegen, a.a.O., S. 17.
[22] Vgl. ebd., S. 18.
[23] Ebd., S. 19.
[24] Vgl. ebd., S. 19f.
[25] Ebd., S. 22.

als Variantenfilme bezeichneten Filme.²⁶ Es bleibt jedoch unbegründet, weshalb er sie dem episodischen Erzählen zuordnet, welches sich, wie er ausführlich beschreibt, doch in erster Linie auf Filme bezieht, in denen es vorrangig um die gegenseitige Beeinflussung und undurchschaubare Vernetzung von Figuren geht. Gerade in den von ihm genannten Beispielen sind die einzelnen Episoden bzw. Erzählstränge dramaturgisch so in sich abgeschlossen, dass man sie durchaus als einzelne Kurzfilme betrachten kann, auch wenn dadurch das übergeordnete Thema eingebüßt wird, was aber nach Treber bei der Einzelbetrachtung der Segmente der Episodenfilme ebenso zutrifft.²⁷ Auch Trebers Analogie, in der er Episodenfilme als „mehrteilige[s] Altarbild" beschreibt, „dessen getrennte Segmente ohne weiteres auch für sich alleine stehen könnten", und episodisches Erzählen vergleicht mit „einem kaleidoskopartigen Mosaik [...] bei dem die einzelnen Bestandteile ohne das Gesamtbild des Beziehungsgeflechts abstrakt und belanglos wirken"²⁸, legt eher eine Zugehörigkeit des Variantenfilms zum Episodenfilm nahe. Filme wie GROUNDHOG DAY sind hiervon ausgeschlossen, da ihre einzelnen Einheiten, die jeweils einen Tag umfassen, aufgrund ihrer unterschiedlichen Länge und der fehlenden Dramaturgie *innerhalb* der Einheit, nicht autonom funktionieren können.

Die Zuordnung des Variantenfilms zum Episodenfilm ist jedoch nicht so eindeutig möglich, wie es zunächst scheint. Das Besondere am Variantenfilm ist, dass in allen Episoden im Normalfall der Schauplatz und – bei den ereignisbasierten Variantenfilmen – die Protagonist*in dieselbe bleiben. Inwiefern Variantenfilme mehr dem Episodenfilm oder dem episodisch erzählten Film nahestehen, muss deshalb jeweils im Einzelfall entschieden werden. Im Folgenden sollen die Segmente der Variantenfilme aus Gründen der Übersichtlichkeit dennoch einheitlich als Episoden bezeichnet werden. Da es in Variantenfilmen vor allem um die Variation geht, kann man den Hang zum Episodischen als Notwendigkeit ansehen, die sich durch die Struktur ergibt, und nicht als primäres Merkmal.

Aufgrund ihres narrativen Aufbaus stellt sich die Frage, ob man Variantenfilme einem Trend zuordnen kann, der seit den 1990er Jahren verstärkt im Mainstream-Kino auftritt: dem unzuverlässigen Erzählen im Film.²⁹ Unzuverläs-

---

[26] Vgl. ebd.
[27] Vgl. ebd., S. 18.
[28] Ebd., S. 19.
[29] Vgl. Helbig, Jörg: „Follow the White Rabbit!". Signale erzählerischer Unzuverlässigkeit im zeitgenössischen Spielfilm. In: Liptay, Fabienne; Wolf, Yvonne (Hrsg.): Was stimmt denn

sig erzählte Filme zeichnen sich unter anderem dadurch aus, dass sie nicht mehr der klassischen Drei- oder Fünfakt-Struktur folgend eine Geschichte stringent von Anfang bis Ende erzählen, sondern mit diesem Regelwerk brechen. Konventionelle Hollywood-Filme erzählen linear und setzen auf eine „unity of time […], space […], and action"[30]. Ihr Wirkungsgefüge funktioniert streng kausal,[31] was eine Erwartungshaltung bei den Zuschauer*innen weckt, welche sich unzuverlässig erzählte Filme wiederum zunutze machen können.

Die Beschäftigung mit der Unzuverlässigkeit im Film wirft immer die Frage nach der Erzähler*in auf: Wer erzählt eigentlich? Ist die Erzählung unzuverlässig oder die Erzähler*in? Oft rührt die Unzuverlässigkeit einer scheinbar objektiven Erzählung daher, dass eigentlich aus der Subjektive einer Protagonist*in erzählt wird, wobei Markierungen beim Wechsel von der ‚objektiven' Sicht zur subjektiven Wahrnehmung der Protagonist*in fehlen, die normalerweise eine eindeutige Unterscheidung von Innen- und Außenwelt ermöglichen.[32] So begreift man beispielsweise nicht von Beginn an, dass scheinbar real auftretende Figuren in Wirklichkeit Imaginationen der Protagonist*innen sind (FIGHT CLUB – Fincher 1999, A BEAUTIFUL MIND – Howard 2001) oder bereits verstorben – ohne dies selbst zu wissen – und ihre Geschichte nur rückblickend aus dem Reich der Toten erzählen (THE OTHERS – Amenábar 2001, THE SIXTH SENSE – Shyamalan 1999).

Die personengebundene subjektive Perspektive, die sich erst nach und nach oder an einem plötzlichen Wendepunkt offenbart, ist ein Merkmal der Unzuverlässigkeit.[33] Narrationen dieser Art, die die Gebundenheit an die Perspektive einer Figur erst zum Ende des Films enthüllen, können auch als „final plot twist"[34] beschrieben werden. Nach Bordwell resultiert Unzuverlässigkeit im Film oft aus einem Vorenthalten von Informationen („underreporting") oder der Bereitstel-

---

jetzt? Unzuverlässiges Erzählen in Literatur und Film. München 2005, S. 131-146; vgl. Helbig, Jörg: Einleitung. In: Helbig, Jörg (Hrsg.): „Camera doesn't lie": Spielarten erzählerischer Unzuverlässigkeit im Film. Trier 2006, S. 1-2.

[30] Bordwell, David: Narration in the Fiction Film. London 1985, S. 158.
[31] Vgl. ebd., S. 157.
[32] Vgl. Koebner, Thomas: Was stimmt denn jetzt? „Unzuverlässiges Erzählen" im Film. In: Liptay, Fabienne; Wolf, Yvonne (Hrsg.): Was stimmt denn jetzt? Unzuverlässiges Erzählen in Literatur und Film. München 2005, S. 19-38, hier S. 33.
[33] Vgl. Helbig (2005), Signale erzählerischer Unzuverlässigkeit, a.a.O., S. 134f.
[34] Der Begriff des „final plot twist" wird zum Beispiel von Fabienne Liptay und Yvonne Wolf verwendet: Liptay, Fabienne; Wolf, Yvonne: Einleitung. Film und Literatur im Dialog. In: Liptay, Fabienne; Wolf, Yvonne (Hrsg.): Was stimmt denn jetzt? Unzuverlässiges Erzählen in Literatur und Film. München 2005, S. 12-18, hier S. 15.

lung falscher Informationen („misreporting"[35]).[36] Auch bei dem Variantenfilm À LA FOLIE fehlt eine Kenntlichmachung der subjektiven Wahrnehmung und es werden der Zuschauer*in zunächst klärende Einstellungen nicht gezeigt, die sie erst in der zweiten Version präsentiert bekommt. YING XIONG spielt mit den Markierungen, wenn er die Rückblenden zwar mit einer Voice-Over beginnt, dann aber über lange Strecken ganz in das vergangene Geschehen eintaucht, ohne eine erneute Kenntlichmachung der subjektiven Sicht. Auch das ist typisch für unzuverlässiges Erzählen wie Fabienne Liptay herausarbeitet.[37] Es ist davon auszugehen, dass multiperspektivische Erzählungen mit Unzuverlässigkeit korrespondieren können und nicht nur die Ich-Erzähler*in in der Literatur bzw. die homodiegetische Erzähler*in[38] im Film Unzuverlässigkeit evozieren können. Perspektivenbasierte Variantenfilme neigen tendenziell zu unzuverlässigem Erzählen, da sich im Film „die Möglichkeiten von Unzuverlässigkeit mit der Zahl der Blickwinkel potenzieren"[39]. Bei den ereignisbasierten Variantenfilmen PRZYPADEK, SLIDING DOORS und LOLA RENNT wird das Publikum nicht aufs Glatteis geführt, sondern – vorausgesetzt man erwartet einen linear erzählten Film – lediglich mit einer ungewöhnlichen Erzählweise konfrontiert. Diese Filme sind nicht als unzuverlässig zu betrachten, da hier das Konzept der vielen möglichen Entwicklungsszenarien zum Prinzip der Struktur erhoben wird, die sich jenseits von Erklärungspflichten abspielt.

Variantenfilme stellen einen Sonderfall dar, da sie zwar teilweise den Kriterien für Unzuverlässigkeit entsprechen, andererseits aber auch ihren eigenen Regeln folgen. Sie können ganz, teilweise oder auch gar nicht unzuverlässig erzählt sein.

---

[35] Helbig (2005), Signale erzählerischer Unzuverlässigkeit, a.a.O., S. 135.
[36] Vgl. Bordwell (1985), Narration in the Fiction Film, a.a.O., S. 60.
[37] Vgl. Liptay, Fabienne: Spinn' es noch einmal, Spider! Ambiguität als Voraussetzung für die doppelte Filmlektüre am Beispiel von David Cronenbergs SPIDER. In: Helbig, Jörg (Hrsg.): „Camera doesn't lie": Spielarten erzählerischer Unzuverlässigkeit im Film. Trier 2006, S. 189-223, hier S. 212.
[38] Die homodiegetische Erzähler*in im Film entspricht der Ich-Erzähler*in in der Literatur. Sie ist normalerweise eine Binnenerzähler*in, die oft in Form einer Voice-Over berichtet. Vgl. z.B. Himpler, Michael: Der unzuverlässige Erzähler in Neil Jordans „The End of the Affair" (GB 1999). Schriftliche Hausarbeit für die Magisterprüfung der Fakultät für Philologie an der Ruhr-Universität. Bochum 2004, S. 27f. und Voigts-Virchow, Eckart: „I'll show you the life of the mind!" Implizite Autoren, Metanarrativität, unzuverlässiges Erzählen und unzuverlässige ,Wahr-Nehmung' in Joel Coens BARTON FINK und Spike Jones ADAPTATION. In: Helbig, Jörg (Hrsg.): „Camera doesn't lie": Spielarten erzählerischer Unzuverlässigkeit im Film. Trier 2006. S. 97-122, hier S. 119.
[39] Liptay und Wolf (2005), Film und Literatur im Dialog, a.a.O., S. 16.

Die Kategorie des unzuverlässigen Erzählens erscheint also nicht sehr hilfreich bei der Untersuchung von Variantenfilmen als Gesamtheit, da man bei jedem einzelnen Film entscheiden muss, ob und wie sehr er unzuverlässig erzählt ist.

Man kann Variantenfilme als Untergruppe der Erzählexperimente begreifen. Erzählexperimente schließen unzuverlässig erzählte Filme ein, können aber auch andere Formen annehmen so wie die Besetzung einer Protagonist*in durch mehrere Darsteller*innen in den unterschiedlichen Lebensphasen (I'M NOT THERE – Haynes 2007), mehrfach verschachtelte Geschichten (LUCÍA Y EL SEXO – Medem 2001), raffinierte Zeitreisefilme (THE BUTTERFLY EFFECT – Bress und Gruber 2004) oder rückwärts erzählte Geschichten (MEMENTO – Nolan 2000, 5X2 – Ozon 2004, IRRÉVERSIBLE – Noé 2002). Variantenfilme können wegen ihrer oft radikalen Struktur experimentellen Charakter erlangen. Es gilt bei der Beurteilung des Experimentalgrades den Kontext zum Zeitpunkt der Produktion des Films mitzubedenken: Auch wenn GROUNDHOG DAY heute nicht mehr sehr experimentell anmutet, war er während seiner Entstehung Anfang der 1990er Jahre zumindest im Mainstream immer noch ein gewagter Versuch.

Als Arbeitsdefinition wird festgehalten: Variantenfilme sind Filme, die den Erzählexperimenten zuzuordnen sind und sowohl unzuverlässig als auch zuverlässig erzählen können. Der Bezug zum Episodischen kann mehr oder weniger stark ausgeprägt sein und ist als sekundäres Merkmal zu betrachten. In dieser Arbeit wird, auch um eine umfangreiche Untersuchung zu ermöglichen, von einer möglichst offenen Definition von ‚Variantenfilmen' ausgegangen, die auch Variantenfilme zweiten Grades zulässt, wobei der Fokus auf den nicht intradiegetisch erklärten Variantenfilmen ersten Grades liegt. Es werden sowohl perspektivenbasierte Variantenfilme, bei denen die Variation auf Multiperspektivität beruht, als auch ereignisbasierte Variantenfilme, bei denen ein Ereignis in Variation wiederholt wird, berücksichtigt.

Es ist anzunehmen, dass die Gründe für das vermehrte Aufkommen der Variantenfilme mit denen für den Trend zum unzuverlässigen Erzählen und für Erzählexperimente in den 1990er Jahren korrespondieren. Eine der vermuteten Ursachen besteht darin, dass die Erzählweise eine indirekte und deshalb auch unzuverlässige Wahrnehmung des Publikums widerspiegelt. Außerdem werden von Seiten der Filmemacher*innen gezielt Mechanismen zur Lenkung der Wahrnehmung der Zuschauer*innen eingesetzt.[40] Dabei spielt die Digitalisierung durch

---

[40] Vgl. Liptay (2006), Ambiguität als Voraussetzung für die doppelte Filmlektüre, a.a.O., S. 208.

die Eröffnung neuer technischer Möglichkeiten eine nicht unwesentliche Rolle. Auch deshalb wird im Rahmen dieser Arbeit stets die Frage nach der Wahrnehmung von Wirklichkeit eine zentrale Rolle spielen.

3 DER PERSPEKTIVENBASIERTE VARIANTENFILM

3.1 Perspektive in Kunst, Literatur und Philosophie

Da die Perspektive im perspektivenbasierten Variantenfilm den Gegenstand der Variation bildet, wird sie im Folgenden einer eingehenden Untersuchung unterzogen. Nach einer allgemeinen Definition von Perspektive sind Exkurse in die Kunstgeschichte angebracht, aus der der Perspektivenbegriff ursprünglich stammt,[41] sowie in die Philosophie, innerhalb derer die Perspektive in den Bereich des Kognitiven überführt worden ist und die raum- und körperbezogene Perspektive unter dem Begriff des Perspektivismus um einen „Standpunkt des Denkens"[42] erweitert wurde. In der zweiten Hälfte dieses Kapitels wird anhand von in der Literaturwissenschaft entwickelten Kriterien Multiperspektivität im Film näher bestimmt. Dabei sollen mehrere Vermutungen überprüft werden: Erstens die Annahme, dass die Entwicklung der Zentralperspektive in der Malerei eine entscheidende Rolle für die Erzählweise und Ästhetik des Films gespielt hat; zweitens die Überlegung, dass das multiperspektivische Erzählen in der Literatur als Vorläufer des multiperspektivischen Erzählens im Variantenfilm gelten kann; und drittens soll belegt werden, dass die Frage nach der Wahrheit sowohl im Perspektivismus als auch im multiperspektivischen Film von zentraler Bedeutung ist.

Der Begriff Perspektive leitet sich vom lateinischen Verb „perspicere" ab, was soviel bedeutet wie „'hindurchsehen'" und „'betrachten'", aber auch „'wahrneh-

---

[41] Vgl. Boehm, Gottfried: Studien zur Perspektivität. Philosophie und Kunst in der Frühen Neuzeit. Heidelberg 1969, S. 7.
[42] Kaulbach, Friedrich: Philosophie des Perspektivismus. 1.Teil. Wahrheit und Perspektive bei Kant, Hegel und Nietzsche. Tübingen 1990, S. 4. Hervorhebung des Originals entfernt.

men', ,erkennen' und ,untersuchen'"⁴³. Im alltäglichen Gebrauch versteht man laut der Brockhaus Enzyklopädie unter Perspektive „Betrachtungsweise, -möglichkeit von einem bestimmten Standpunkt aus" und „Blickwinkel" sowie „Aussicht, Erwartung für die Zukunft"⁴⁴. Letzteres kann als metaphorische Übertragung der ursprünglich räumlichen auf die zeitliche Dimension angesehen werden.⁴⁵ Die Literaturwissenschaftler*innen Ansgar und Vera Nünning benennen darüber hinaus noch eine weitere alltagssprachliche Bedeutung, welche sich aus den philosophischen Überlegungen des Perspektivismus ableitet: die Perspektive als „persönliche[r] Standpunkt eines Menschen"⁴⁶. Neben diesen „bildungssprachlich[en]"⁴⁷ Definitionen wird im Brockhaus auf zwei Disziplinen verwiesen, in denen der Begriff fachspezifische Verwendung findet. Zum einen wird er in der Literaturwissenschaft zur Beschreibung des „Standort[es], von dem aus ein Geschehen dargestellt wird"⁴⁸ benutzt, zum anderen benennt er in der

> darstellende[n] Geometrie und bildende[n] Kunst: die zweidimensionale, ebene bildl. Darstellung dreidimensionaler (räuml.) Objekte mit Hilfe einer Zentralprojektion [...] die dem Betrachter ein anschauliches („naturgetreues") Bild des Objekts vermitteln soll, d.h. den gleichen Bildeindruck hervorrufen soll wie das Objekt selbst.⁴⁹

Innerhalb der bildenden Kunst benutzten schon die Griechen im ausklingenden sechsten Jahrhundert vor Christus die sogenannte Körperperspektive, die bereits durch Abschattung⁵⁰ die Stofflichkeit des Dargestellten hervorhob und somit auch der Betrachter*in einen bestimmten Standpunkt zuwies, aber noch nicht

---

43 Nünning, Vera; Nünning, Ansgar: Von „der" Erzählperspektive zur Perspektivenstruktur narrativer Texte: Überlegungen zur Definition, Konzeptionalisierung und Untersuchbarkeit von Multiperspektivität. In: Nünning, Vera; Nünning, Ansgar (Hrsg.): Multiperspektivisches Erzählen. Zur Theorie und Geschichte der Perspektivenstruktur im englischen Roman des 18. bis 20. Jahrhunderts. Trier 2000, S. 3-38, hier S. 7, Fußnote.
44 Brockhaus Enzyklopädie: Perspektive, 16. Band. Mannheim ¹⁹1991, S. 706-708, hier S. 706.
45 Vgl. Nünning und Nünning (2000), Von „der" Erzählperspektive zur Perspektivenstruktur, a.a.O., S. 8.
46 Ebd.
47 Brockhaus (1991), Perspektive, a.a.O., S. 706. Hervorhebung des Originals entfernt.
48 Ebd., S. 708.
49 Ebd., S. 706, Hervorhebungen des Originals entfernt.
50 „Körper abgeschattet abbilden bedeutet, sie für den Betrachter so darstellen, daß er ihre Körperlichkeit wahrnimmt. [...] Abschattung besagt also die *Hinordnung* eines darzustellenden Gegenstandes *auf einen Ort außerhalb der Darstellung*, nämlich auf den [...] *Blickpunkt*." Graumann, C.F.: Perspektivität – Grundlagen einer Phänomenologie und Psychologie der Perspektivität. Berlin 1960, S. 14. Hervorhebung im Original.

den Raum mit in die Abbildung einbezog.[51] Das geschah konsequent erst um die Wende vom 14. zum 15. Jahrhundert mit der sich von Italien aus in Europa ausbreitenden Zentralperspektive.[52] Diese stellt die Unterwerfung der Kunst unter mathematisch-geometrische Gesetze dar, mit deren Hilfe Darstellungen möglich sind, die den Raum und die ihm zugrunde liegende Tiefe erfassen, wodurch es zu einer „Verwissenschaftlichung"[53] der Kunst während der Renaissance kam. Vom Auge der Betrachter*in bzw. Maler*in aus, dem so genannten Augenpunkt, führen Sehstrahlen zum Bild. Die Betrachter*in steht damit im Zentrum der zentralperspektivischen Konstruktion. Die Tiefenlinien des Bildes treffen sich in einem oder mehreren Fluchtpunkten.[54]

Das Ziel der Zentralperspektive ist eine möglichst realitätsgetreue Darstellung. Doch ist die Zentralperspektive wirklich *das* Verfahren zur Abbildung der Wirklichkeit? Auf jeden Fall ist sie mehr als nur eine Ausdrucksform der bildenden Kunst. Ein bedeutender und vielzitierter Aufsatz in diesem Zusammenhang ist „Die Perspektive als ‚symbolische Form'"[55] von Erwin Panofsky. Laut des Kunsthistorikers stellt die Zentralperspektive „eine überaus kühne Abstraktion von der Wirklichkeit"[56] dar, indem sie den begrenzten psychophysischen Wahrnehmungsraum in einen auf Unendlichkeit ausgerichteten mathematischen Bildraum überführt,[57] und damit keineswegs, wie sie vorzugeben scheint, eine realitätsgetreue Abbildung ist, geschweige denn *die* Abbildung der Wirklichkeit. Vielmehr ist sie als eine symbolische Form anzusehen, als eines der „Repräsenta-

---

[51] Vgl. Brockhaus (1991), Perspektive, a.a.O., S. 707; vgl. Graumann (1960), Perspektivität, a.a.O., S. 8 und S. 14.

[52] Vgl. Boehm (1969), Studien zur Perspektivität, a.a.O., S. 11; In der Antike wurden zwar bereits einige Verfahren wie Verkürzung etc. benutzt, aber durch die Verbrennung aller heidnischen Kunstwerke um 300 n. Chr. ging dieses Wissen verloren und es wurden wieder ‚einfachere' Perspektiven wie die Bedeutungsperspektive angewendet, bei der Wichtiges größer dargestellt wird; vgl. Brockhaus (1991), Perspektive, a.a.O., S. 707; vgl. Holzer, Hansueli: 6000 Jahre Perspektive. Eine Entdeckungsreise durch die Kunstgeschichte. VHS 2002.

[53] Röttgers, Kurt: Perspektive – Raumdarstellung in Literatur und bildender Kunst. In: Röttgers, Kurt; Schmitz-Emans, Monika: Perspektive in Literatur und bildender Kunst. Essen 1999, S. 15-47, hier S. 38.

[54] Vgl. Boehm (1969), Studien zur Perspektivität, a.a.O., S. 18.

[55] Panofsky, Erwin: Die Perspektive als „symbolische Form". In: Oberer, Hariolf; Verheyen, Egon (Hrsg.): Erwin Panofsky. Aufsätze zu Grundfragen der Kunstwissenschaft. Berlin 1964, S. 99-167.

[56] Ebd., S. 101. Panofsky verweist darauf, dass er sich in diesem Fall mit „Wirklichkeit" auf den faktischen Seheindruck bezieht.

[57] Vgl. ebd., S. 101 und S. 123.

tionssysteme" der Gesellschaft, durch das ein „bestimmte[s] Weltbild"[58] getragen wird. Wenn das zentralperspektivische Verfahren aber nur eines unter vielen ist, drängt sich die Frage auf, weshalb sich gerade dieses durchsetzen konnte. Der Medienwissenschaftler Jens Schröter folgert aus Panofskys Überlegungen, dass die Zentralperspektive als „Teil einer Machtstruktur"[59] anzusehen ist, die weit über die bildende Kunst hinausreicht. In der Perspektivenauffassung einer bestimmten Epoche spiegelt sich bis zu einem gewissen Grad immer auch das Verständnis von Welt wider.[60] So verweist die Zentralperspektive auf den Übergang vom theo- zum anthropozentrischen Weltbild. Der Mensch tritt in der Zentralperspektive aus der Welt heraus und ihr als Betrachter gegenüber. Er blickt dabei auf eine – von ihm selbst nach mathematischen Regeln konstruierte – überschaubare und geordnete Welt.[61] Als Betrachter*in erfüllt er zwar durch den bei ihm liegenden Augenpunkt eine Funktion in der zentralperspektivischen Konstruktion, ist aber immer nur indirekt in dieser enthalten, weshalb man auch von einer Entkörperlichung des Blicks sprechen kann.[62]

In der Renaissance finden sich die Anfänge der ab der Neuzeit stattfindenden Emanzipation des Menschen von übernatürlichen Kräften;[63] die Naturwissenschaften gewinnen an Ansehen und werden vermehrt zur Erklärung von Phänomenen herangezogen. Die Durchsetzung der Zentralperspektive in der westeuropäischen Kunst liegt nahe, da diese dem wissenschaftlichen Denken verbunden ist und auf mathematischen Regeln basiert. Die Perspektive bietet dem Menschen Orientierung und Antrieb zu Handlungen, fungiert als Sinnstifterin und ist somit zweckgebunden und funktional: Der Mensch entscheidet frei, welche der vielen möglichen Perspektiven am besten mit seinem Weltbild übereinstimmt.[64]

Dieser Gedanke wird auch im Perspektivismus vertreten. In diesem geht man ebenfalls von der Entscheidung für eine sinnstiftende Perspektive aus und

---

[58] Schröter, Jens: Digitale Perspektive. In: Röttgers, Kurt; Schmitz-Emans, Monika: Perspektive in Literatur und bildender Kunst. Essen 1999, S. 139-165, hier S. 143.
[59] Ebd., S. 140.
[60] Vgl. Panofsky (1964), Die Perspektive als „symbolische Form", a.a.O., S. 109f.
[61] Vgl. Schröter (1999), Digitale Perspektive, a.a.O., S. 144.
[62] Vgl. Kraus, Wolfgang: Das Regime des engen Blickes. Zur Dekonstruktion des Begriffs der Zukunftsperspektive. In: Journal für Psychologie. 11. Jahrgang 2003, Heft 1, S. 33-53, hier S. 46; vgl. auch Bryson, Norman: Das Sehen und die Malerei. Die Logik des Blicks. München 2001, S. 125.
[63] Vgl. Kaulbach (1990), Philosophie des Perspektivismus, a.a.O., S. 7.
[64] Vgl. ebd., S. 4f.

glaubt, dass die Einnahme eines bestimmten Standpunktes zwingende Voraussetzung für visuelles Erkennen und geistige Erkenntnis ist. Demzufolge muss man von der Vorstellung einer Wahrheit Abstand nehmen, die vom Betrachtenden unabhängig und allgemein gültig ist.[65] Wahrheit ist subjektabhängig, weil sie immer durch die jeweils persönliche Perspektive bedingt ist; Wahrnehmung ohne einen Standpunkt ist unmöglich. Die vom perspektivischen Objektivismus, einer Untergruppe des Perspektivismus, vertretene Ansicht, dass Wirklichkeit und Wahrheit sich in der Zusammenfügung aller Einzelperspektiven offenbaren,[66] wird vielfach bestritten. Mit Aufkommen der Postmoderne stellte sich die Frage, inwieweit es überhaupt Sinn macht, von ‚Wahrheit' zu sprechen – so zum Beispiel im radikalen Relativismus und auch im Perspektivismus.[67] Nietzsche, auf dessen Theorien die Postmoderne aufbaut,[68] pointiert diese Ungewissheit mit der Aussage „Wahrheit ist die Art von Irrthum [sic!], ohne welche eine bestimmte Art von lebendigen Wesen nicht leben könnte"[69]. Die Bedeutung, die der Wahrheit in den unterschiedlichen Epochen und Kulturen zukommt, ist abhängig vom „jeweils dominante[n] Machtwillen"[70]. Diese Erkenntnis macht die Frage nach einer einzigen Wahrheit obsolet: „Das Verlangen, zu ergründen, was *schlechthin* ‚wahr', was ‚*die* Wahrheit' sei, gleicht dem Beharren auf der Frage, wieviel Uhr es *überhaupt* sei, d.h. *unabhängig von allen Kontexten*"[71]. Welcher Wahrheitsbegriff in einer Kultur vorherrscht, wird in kommunikativen Prozessen entschieden. Der kommunikative Kontext bestimmt, welche Auffassung von Wahrheit einem Dialog zugrunde liegt. So kann Wahrheit für verschiedene Disziplinen ganz unterschiedliche Bedeutungen haben: Für eine Physiker*in mag sie ausdrücken, dass etwas durch wissenschaftliche Experimente belegbar ist,

---

[65] Vgl. Nünning und Nünning (2000), Von „der" Erzählperspektive zur Perspektivenstruktur, a.a.O., S. 9.
[66] Vgl. Brockhaus (1991), Perspektive, a.a.O.. S. 708.
[67] Vgl. Gloy, Karen: Wahrheitstheorien. Eine Einführung. Tübingen / Basel 2004, S. 3. Diese Wahrheitszweifel haben schon früher eingesetzt: Bereits in der Skepsis der Antike und der Frühzeit zweifelte man daran, dass Wahrheit überhaupt erkennbar ist. Hierzu vgl. ebd.
[68] Vgl. ebd.
[69] Nietzsche, Friedrich: Nachgelassene Fragmente April-Juni 1885. 34 [253]. In: Colli, Giorgio; Montinari, Mazzino: Friedrich Nietzsche. Nachgelassene Fragmente 1884-1885. Kritische Studienausgabe, Bd. 11. Berlin / New York ²1988, S. 423-508, hier S. 506.
[70] Gloy (2004), Wahrheitstheorien, a.a.O., S. 4.
[71] Gerbracht, Ludger: Wahrheit und kognitive Perspektive. Zur gleichberechtigten Vorrangstellung und zu den unterschiedlichen Anwendungsbereichen korrespondenztheoretischer und kohärenztheoretischer Wahrheitskonzeptionen. Würzburg 1996, S. 9. Hervorhebung im Original.

wohingegen eine Jurist*in darunter unter anderem die Stimmigkeit und Glaubhaftigkeit einer Aussage versteht.[72] Im Alltag drängt ‚die Wahrheit' selten ins Bewusstsein. Es fällt nur auf, was nicht wahr zu sein scheint. Prinzipiell genießt eine Gesprächspartner*in, ein Text oder ähnliches immer einen Vertrauensvorschuss: Zunächst einmal hält man das, was man hört, sieht oder liest für glaubwürdig.[73] Erst wenn es Grund zum Zweifel gibt, beispielsweise durch widersprüchliche Aussagen, gerät die Wahrheit unter den Verdacht des Betrugs: „Es wäre wie ein Fluch, der auf uns lastete, wenn uns ständig auffallen sollte, was alles wahr ist"[74].

Auch beim Film beeinflusst die Perspektive den Wahrheitsgehalt, den man einer Geschichte bzw. einer Figur zuschreibt, insbesondere beim multiperspektivischen Erzählen, wie später noch zu erläutern sein wird. Da für die Diskussion des Phänomens der Multiperspektivität in der Literatur auf eine solide Basis aus der Erzähltheorie zurückgegriffen werden kann,[75] die in der Filmwissenschaft bisher noch nicht im gleichen Maß geschaffen werden konnte, soll trotz der offensichtlichen Unterschiede von Film und Literatur auf Erkenntnisse der Literaturwissenschaft zurückgegriffen werden, wenn dies sinnvoll und vertretbar erscheint. Es ist nicht das Ziel, eine alle Facetten der Multiperspektivität umfassende Erläuterung darzubieten, sondern es gilt, die für multiperspektivisch erzählte Variantenfilme besonders wichtigen Punkte herauszufiltern.

Multiperspektivisches Erzählen liegt für Nünning und Nünning dann vor, wenn ein Sachverhalt bzw. ein Geschehen aus mindestens zwei unterschiedlichen Perspektiven dargestellt wird.[76] In der Literaturwissenschaft hat das multiperspektivische Erzählen eine lange Tradition. Innerhalb der Gattung des Ro-

---

[72] Vgl. ebd., S. 13-15.
[73] Vgl. ebd., S. 20.
[74] Ebd. Hervorhebung des Originals entfernt.
[75] Nünning und Nünning bemängeln dennoch die unzureichende Forschungslage im Bereich der Multiperspektivität: vgl. Nünning, Vera; Nünning, Ansgar: Multiperspektivität aus narratologischer Sicht: Erzähltheoretische Grundlagen und Kategorien zur Analyse der Perspektivenstruktur narrativer Texte. In: Nünning, Vera; Nünning, Ansgar (Hrsg.): Multiperspektivisches Erzählen. Zur Theorie und Geschichte der Perspektivenstruktur im englischen Roman des 18. bis 20. Jahrhunderts. Trier 2000, S. 39-77, hier S. 74-76.
[76] Vgl. Nünning und Nünning (2000), Von „der" Erzählperspektive zur Perspektivenstruktur, a.a.O., S. 13; vgl. auch Buschmann, Matthias: Multiperspektivität – Alle Macht dem Leser? In: Wirkendes Wort. Deutsche Sprache und Literatur in Forschung und Lehre. 46. Jahrgang 1996, Heft 2, S. 259-275, hier S. 260. Buschmann weist eindrücklich darauf hin, dass die Perspektiven sich auch normativ unterscheiden müssen.

mans trat es zuerst im Briefroman auf, der im 18. Jahrhundert seinen Höhepunkt erlebte.[77] Hier resultiert die Multiperspektivität aus den Briefen der einzelnen Figuren. Da die Briefe jeweils aus der Sichtweise einer bestimmten Person geschrieben sind, fungieren sie im Briefroman entsprechend zu den Episoden im perspektivenbasierten Variantenfilm, weshalb diese beiden Einheiten eine ähnliche Grundstruktur aufweisen. Im später aufkommenden Detektivroman sind es die verschiedenen Zeug*innenaussagen zu einer Tat, die zu Multiperspektivität führen.[78] Ein weiterer wichtiger Typ multiperspektivischen Erzählens in der Literatur sind die „Romane der ‚vielpersonigen Bewußtseinsdarstellung'", „in denen die Wirklichkeit nicht unmittelbar geschildert wird, sondern so, wie sie sich im Bewußtsein der Romangestalten spiegelt"[79]. Beispiele finden sich in den Werken von Henry James oder Arthur Schnitzler.[80] Bereits diese Auswahl zeigt, auf welch mannigfache Art und Weise die multiperspektivische Erzählung in der Literatur Ausdruck gefunden hat.

Die unterschiedlichen Formen gehen dabei mit unterschiedlichen Funktionen der Multiperspektivität einher.[81] Im Detektivroman fördert die Multiperspektivität den Spannungsaufbau, indem sie Verzögerungen des Geschehens auf der Erzählebene rechtfertigt.[82] In den multiperspektivisch erzählten Romanen und Verfilmungen der Miss Marple-Reihe von Agatha Christie ist ihre Aufgabe ebenso primär die Spannungserzeugung. Briefromane mit geschlossener Struktur können eine belehrende Funktion haben, wenn die dargestellten Perspektiven alle in die gleiche Richtung weisen. Dem entgegengesetzt können multiperspektivische Erzählungen „unterschiedliche[] Wertvorstellungen und Denkweisen in einer

---

[77] Vgl. Lindemann, Uwe: Die Ungleichzeitigkeit des Gleichzeitigen. Polyperspektivismus, Spannung und der iterative Modus der Narration bei Samuel Richardson, Choderlos de Laclos, Ludwig Tieck, Wilkie Collins und Robert Browning. In: Röttgers, Kurt; Schmitz-Emans, Monika: Perspektive in Literatur und bildender Kunst. Essen 1999, S. 48-81, hier S. 59; zum Briefroman vgl. auch Neuhaus, Volker: Typen multiperspektivischen Erzählens. Köln / Wien 1971, S. 32-74.
[78] Vgl. Neuhaus (1971), Typen multiperspektivischen Erzählens, a.a.O., S. 110.
[79] Ebd., S. 118. Fehler, die sich aus dem Wechsel von der alten zur neuen Rechtschreibreform ergeben, werden im Folgenden aus Gründen der Lesbarkeit der Zitate nicht mit „[sic!]" gekennzeichnet.
[80] Vgl. ebd., S. 120.
[81] Zu den Funktionen multiperspektivischen Erzählens vgl. Nünning und Nünning (2000), Von „der" Erzählperspektive zur Perspektivenstruktur, a.a.O., S. 29f.
[82] Vgl. Lindemann (1999), Die Ungleichzeitigkeit des Gleichzeitigen, a.a.O., S. 75.

pluralistischen Gesellschaft"[83] aufzeigen und auf deren Relativität verweisen sowie einen Diskurs über das Wesen der Wahrheit führen.[84] Multiperspektivisch erzählte Romane können darüber hinaus – genau wie Variantenfilme – metafiktionale Züge aufweisen, wenn sie durch ihre Form den Illusionscharakter des Werks durchbrechen und damit selbstreflexiv ihre Fiktionalität herausstellen.[85] Es ist anzunehmen, dass das multiperspektivische Erzählen im Spielfilm die gleichen Funktionen erfüllt wie in der Literatur, da eine Erzählweise normalerweise deshalb gewählt wird, weil sie zunächst einmal unabhängig vom verwendeten Medium bestimmte Aufgaben besonders gut erfüllt. Inwiefern diese Vermutung auf den perspektivenbasierten Variantenfilm zutrifft und welche Funktionen die Multiperspektivität hier hat, wird in der anschließenden Filmanalyse genauer untersucht.

Im Folgenden werden ausgewählte inhaltliche und strukturelle Kriterien multiperspektivischen Erzählens aufgezeigt,[86] die von Nünning und Nünning im Rahmen der Literaturtheorie entworfen worden sind, aber auch für die Filmanalyse Relevanz aufweisen.[87] Auf inhaltlicher Ebene können die in einer Erzählung vorkommenden Perspektiven in unterschiedlichen Relationen zueinander stehen. Sie können sich „additiv" zu einem Gesamtbild ergänzen, einander „korrelativ" bzw. „kontrastierend" gegenüberstehen und dabei nur eine geringe bis keine ge-

---

[83] Nünning und Nünning (2000), Von „der" Erzählperspektive zur Perspektivenstruktur, a.a.O., S. 29.
[84] Vgl. ebd., S. 30.
[85] Vgl. Wolf, Werner: Ästhetische Illusion und Illusionsdurchbrechung in der Erzählkunst. Theorie und Geschichte mit Schwerpunkt auf englischem illusionsstörenden Erzählen. Tübingen 1993. Hier insbesondere das Kapitel „Zur Metafiktion und Illusionsdurchbrechung", S. 208-265; vgl. auch Nünning und Nünning (2000), Von „der" Erzählperspektive zur Perspektivenstruktur, a.a.O., S. 30.
[86] Nünning und Nünning (2000), Multiperspektivität aus narratologischer Sicht, a.a.O.. Nünning und Nünning haben noch einen wesentlich umfassenderen Katalog an Kriterien aufgestellt, an dieser Stelle können allerdings nur einige für den Film besonders wichtige Kategorien exemplarisch angeführt werden.
[87] Griem bestätigt die Kompatibilität des Modells der offenen und geschlossenen Perspektivenstruktur für Literatur mit Film. Vgl. Griem, Julika: Mit den Augen der Kamera? Aspekte filmischer Multiperspektivität in Bryan Singers *The Usual Suspects*, Akira Kurosawas *Rashomon* und Peter Weirs *The Truman Show*. In: Nünning, Vera; Nünning, Ansgar (Hrsg.): Multiperspektivisches Erzählen. Zur Theorie und Geschichte der Perspektivenstruktur im englischen Roman des 18. bis 20. Jahrhunderts. Trier 2000, S. 307-322, hier S. 311.

meinsame Schnittmenge haben oder aber sie sind gänzlich „inkompatibel"[88], das heißt es gibt kaum eine oder sogar gar keine Übereinstimmung mehr und die Widersprüche zwischen den Ansichten werden nicht aufgelöst. Was die Struktur betrifft, so können multiperspektivische Erzählungen entweder eine geschlossene oder eine offene Perspektivenstruktur haben. Bei der geschlossenen Form treffen sich die unterschiedlichen Perspektiven alle in einem „Fluchtpunkt"[89] bzw. in einem Zentrum. Diese Struktur bezeichnen Nünning und Nünning in Anlehnung an den Philosophen und Literaturtheoretiker Michail Bachtin auch als „monologische[...] Multiperspektivität"[90] und nennen als Beispiel die Briefromane von Samuel Richardson, mit denen er seine Leser*innenschaft moralisch belehren wollte.[91] Bei der offenen Perspektivenstruktur hingegen gibt es kein gemeinsames Zentrum,[92] die „Einzelperspektiven konvergieren nicht, sondern laufen auseinander"[93]. Hierbei spricht man von einer „dialogischen Multiperspektivität"[94], bei der sich „[d]ie erzählte Welt [auflöst] [...] in eine Serie alternativer Versionen"[95]. Die durch diese Formulierung geweckte Vermutung, dass bei perspektivenbasierten Variantenfilmen eine dialogische Multiperspektivität vorliegt, wird am Beispiel von RASHOMON überprüft.

In den unterschiedlichen strukturellen und inhaltlichen Formen von Multiperspektivität kommen auch unterschiedliche Vorstellungen von Wahrheit zum Ausdruck. Die geschlossene Perspektivenstruktur verkörpert die Idee „von der Ewigkeit, Einheit und Unbeweglichkeit der Wahrheit"[96], die auf inhaltlicher Ebene oft mit der additiv erzählenden Form zusammenfällt, bei der sich die un-

---

[88] Nünning und Nünning (2000), Multiperspektivität aus narratologischer Sicht, a.a.O., S. 58. Hervorhebung des Originals entfernt; vgl. auch Lindemann (1999), Die Ungleichzeitigkeit des Gleichzeitigen, a.a.O., S. 72.
[89] Nünning und Nünning (2000), Multiperspektivität aus narratologischer Sicht, a.a.O., S. 60.
[90] Ebd., S. 61; vgl. auch Bachtin, Michail M.: Probleme der Poetik Dostoevskijs. München 1971, S. 227.
[91] Vgl. Nünning und Nünning (2000), Von „der" Erzählperspektive zur Perspektivenstruktur, a.a.O., S. 29.
[92] Vgl. Nünning und Nünning (2000), Multiperspektivität aus narratologischer Sicht, a.a.O., S. 60.
[93] Ebd., S. 61. Zur geschlossenen und offenen Form allgemein vgl. auch Lotman (1972): Die Struktur literarischer Texte, a.a.O. S. 374-393.
[94] Nünning und Nünning (2000), Multiperspektivität aus narratologischer Sicht, a.a.O., S. 61.
[95] Martinez, Matias; Scheffel, Michael: Einführung in die Erzähltheorie. München 1999, S. 103.
[96] Lotman (1972), Die Struktur literarischer Texte, a.a.O., S. 375.

terschiedlichen Einzelperspektiven zu einem großen ‚wahren' Bild zusammenfügen. Die offene Perspektivenstruktur hingegen korrespondiert ebenso wie die inhaltliche Form inkompatibler Multiperspektivität mit einer ablehnenden Haltung gegenüber einer allgemein gültigen Wahrheit. Hier wird aus der *einen* Wahrheit die subjektive Wahrheit der einzelnen Perspektiventräger*innen. Die kontrastierende multiperspektivische Narration nimmt gewissermaßen eine Zwischenstellung ein, da sie den Gedanken an eine Wahrheit nicht negiert, aber auf die Schwierigkeiten des Erkennens dieser Wahrheit verweist.

Je mehr die objektive Wahrheit in der Erzählung in Zweifel gezogen wird, in desto größerem Ausmaß wird eine Eigenleistung der Rezipient*in erforderlich. Zwar muss diese auch schon bei der Rezeption von Narrationen mit additiven Perspektiven häufig eine höhere kognitive Leistung erbringen als bei der des klassischen Romans oder Spielfilms, wenn sie als Einzige den Überblick über alle Perspektiven hat und diese zu einem sinnvollen Ganzen zusammenführen muss. Bei der offenen Form jedoch muss die Rezipient*in noch aktiver werden, da sie stets darum bemüht sein wird, das Präsentierte in Einklang zu bringen, auch dann, wenn es vielleicht schon gar nicht mehr synthetisierbar ist. Die Leser*in oder Zuschauer*in kennt die Grundsituation des multiplen Erzählens aus eigener Lebenserfahrung: Ständig wird ein Ereignis von unterschiedlichen Mitmenschen aus differierenden Perspektiven gesehen und folglich individuell verschieden interpretiert. Die Rezipient*in bringt somit auch immer ihre eigene Perspektive in den Wahrnehmungsprozess ein, indem sie durch ihre Lebens- und Welterfahrung sowie ihr didaktisches Fachwissen dem Film oder Text bereits mit bestimmten „Frames" bzw. „Schemata"[97] gegenübertritt.[98] Die folgende Abbildung fasst die verschiedenen Kriterien und ihre Ausprägungen zusammen:

---

[97] „Die schemageleitete Verarbeitung von Informationen kann durch die Wahl einer bestimmten Perspektive *(frame)* gesteuert werden." Kepplinger, Hans Mathias, Noelle-Neumann, Elisabeth: Wirkung der Massenmedien. In: Noelle-Neumann, Elisabeth; Schulz, Winfried; Wilke, Jürgen (Hrsg.): Das Fischer Lexikon. Publizistik Massenkommunikation. Frankfurt a. M. ²2003. S. 597-647, hier S. 632. Hervorhebung im Original.
[98] Vgl. Nünning und Nünning (2000), Multiperspektivität aus narratologischer Sicht, a.a.O, S. 72.

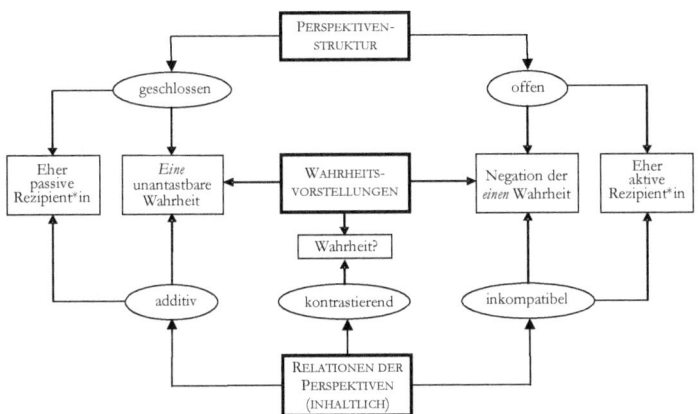

Abbildung 1: Perspektive und Wahrheit[99]

Perspektivenbasierte Variantenfilme können als Untergruppe des multiperspektivischen Erzählens angesehen werden, da sie immer multiperspektivisch erzählen, darüber hinaus aber noch eine weitere Bedingung bzw. Voraussetzung erfüllen müssen: Die verschiedenen Versionen, die durch die Betrachtung des Gesehenen aus den unterschiedlichen Blickwinkeln herrühren, müssen der Hauptinhalt des Films sein und für diesen konstituierend wirken. Dabei wird „die Form zum Bedeutungsträger"[100] und ist nicht bloßes Beiwerk der Narration. Dadurch unterscheiden sich die perspektivenbasierten Variantenfilme RASHOMON und YING XIONG von anderen Filmen, die aus der multiperspektivischen Erzählweise eine Möglichkeit der „unzuverlässigen Erzählung"[101] ziehen wie zum Beispiel THE END OF THE AFFAIR (Jordan 1999) oder THE USUAL SUSPECTS (Singer 1995)[102]. In diesen liegt das Augenmerk auf der Perspektive *einer* Figur und deren unzuverlässiger Wahrnehmung (THE END OF THE AFFAIR) bzw. deren unzuverlässiger Erzählung (THE USUAL SUSPECTS) und wird im ersten Fall erst durch das späte Hinzuziehen einer zweiten Perspektive in seiner Unzuverlässigkeit ent-

---

[99] Das Schaubild basiert auf den zuvor vorgestellten Überlegungen, v.a. von ebd., S. 39-77. Hervorgehobene Elemente stellen Überkategorien dar.
[100] Himpler (2004), Der unzuverlässige Erzähler, a.a.O., S. 18.
[101] Der Begriff der unzuverlässigen Erzählung wurde geprägt von Booth, Wayne C.: The Rhetoric of Fiction. Chicago 1961, S. 158f.
[102] Zum Thema Multiperspektivität in THE USUAL SUSPECTS vgl. Griem (2000), Aspekte filmischer Multiperspektivität, a.a.O., S. 312-315.

larvt und im zweiten Fall durch die Enthüllung der Lücken in den Erzählungen des Protagonisten.[103]

Die zu Beginn des Kapitels geäußerten Vermutungen können nun anhand der vorangegangenen Überlegungen und Erläuterungen zur Zentralperspektive, zum Perspektivismus und zu multiperspektivischem Erzählen überprüft werden. Die Entwicklung der Zentralperspektive in der Malerei hat auch auf den Film weitreichende Auswirkungen. Zum einen ist die Zentralperspektive gewissermaßen in die Apparatur der Filmkamera eingeschrieben,[104] zum anderen bringen Filme visuell und inhaltlich eine eng mit der Zentralperspektive entstandene und verbundene Weltsicht und Denkweise zum Ausdruck. Diese ist beschrieben worden als Unterwerfung der Natur unter die Wissenschaften und einer damit einhergehenden Verwissenschaftlichung der die Natur abbildenden Kunst. In der bildenden Kunst gibt es Strömungen, die die Zentralperspektive bewusst negieren, zum Beispiel im Kubismus, Impressionismus oder Expressionismus.[105] Wenn man von einem Niederschlag der Zentralperspektive in den Bereichen der Struktur und der Narration ausgeht, dann können Variantenfilme einen Versuch des Ausbruchs aus der Herrschaft der Zentralperspektive darstellen, indem sie in ihrer episodischen Erzählstruktur durch Dezentrierung zu einer Auflösung der zentralperspektivischen Anordnung auf struktureller wie narrativer Ebene führen.

Es wurde ein Trend zu multiperspektivischem Erzählen in der Literatur in Form des Briefromans des 18. Jahrhunderts festgestellt; auch die zunächst noch als ungewöhnlich angesehene literarische Form der „vielpersonigen Bewußtseinsdarstellung" ist inzwischen zu einer „erzählerische[n] Konvention" geworden und „aus dem Experiment wurde ein Rezept, aus der Spezialität für Gourmets Hausmannskost für Romanleser"[106]. Ganz so alltäglich ist der perspektivenbasierte Variantenfilm bis jetzt noch nicht – er sticht immer noch durch seine besondere Struktur hervor. Aufgrund der Ähnlichkeiten mit der literarischen Multiperspektivität, die unter anderem wegen des Hangs zum Episodischen und zur Selbstreflexivität besteht, ist allerdings anzunehmen, dass er sich in der Tradition des multiperspektivischen Erzählens in der Literatur entwickelte, welches

---

[103] Vgl. ebd., S. 314; vgl. Himpler (2004), Der unzuverlässige Erzähler, a.a.O., S. 54.
[104] Vgl. Schröter (1999), Digitale Perspektive, a.a.O., S. 148.
[105] Vgl. Holzer (2002), 6000 Jahre Perspektive, a.a.O.
[106] Neuhaus (1971), Typen multiperspektivischen Erzählens, a.a.O., S. 118.

deshalb zu Recht als ein wesentlicher Einfluss für das Entstehen des multiperspektivischen Erzählens im Variantenfilm angesehen werden kann.

Tendenziell gehen Bewegungen in der bildenden Kunst mit Veränderungen in anderen Bereichen einher wie zum Beispiel in der Philosophie. Die vor circa vierzig Jahren im deutschsprachigen Raum durch Habermas erneut entflammte Wahrheitsdebatte[107] schlägt sich auch in Filmen nieder. Wie gezeigt wurde, beziehen multiperspektivische Filme Stellung zur Wahrheit, sei es auf bestärkende oder negierende Weise. Wenn man im Perspektivismus davon ausgeht, dass jede Erkenntnis subjektgebunden ist, da jeder Mensch die Wirklichkeit nur von seinem Standpunkt, seiner Perspektive aus sehen kann, dann bedeutet das zugleich auch den Abschied von einer allgemein gültigen Wahrheit[108] und die Akzeptanz der Unmöglichkeit eines objektiven Zugangs zur Wirklichkeit, welche sich der Mensch aufgrund seiner individuellen Voraussetzungen stets nur konstruiert. Diese Auffassung findet sich im Radikalen Konstruktivismus wieder, der als „konsequente Weiterführung des Perspektivismus"[109] in Kapitel 3.4 aufgegriffen wird. Zunächst jedoch soll RASHOMON unter den Gesichtspunkten Perspektive und Wahrheit analysiert werden.

3.2 Multiperspektive Erzählweise und Wahrheit in RASHOMON

RASHOMON beginnt wie ein Kriminalfilm: Ein Holzfäller findet einen toten Mann im Wald, das Verbrechen ist ungeklärt. Nach diesem klassischen Anfang gibt es aber eine ungewöhnliche Entwicklung, denn der Film verweigert radikal die Antwort auf die Frage ‚Whodunit?'. Um herauszuarbeiten, wie dabei vorgegangen wird und welche Rolle die Perspektive hierbei spielt, soll RASHOMON unter verschiedenen Gesichtspunkten analysiert werden. Nach einer kurzen Analyse seines Aufbaus kann anhand der im vorherigen Kapitel beschriebenen inhaltlichen, strukturellen und funktionalen Kriterien zunächst ein Einblick in die Verwendung des multiperspektivischen Erzählens und der darin enthaltenen Auffassung von Wahrheit gegeben werden. Danach wird die visuelle Ästhetik des Films in den Blickpunkt gerückt, vor allem im Hinblick auf den Zusammenhang der Perspektive mit Bildkomposition, Kameraführung und Musik.

---

[107] Vgl. Gloy (2004), Wahrheitstheorien, a.a.O., S. 1.
[108] Vgl. Kaulbach (1990), Philosophie die Perspektivismus, a.a.O., S. VIIIf.; vgl. Nünning und Nünning (2000), Von „der" Erzählperspektive zur Perspektivenstruktur, a.a.O., S. 9.
[109] Ebd., S. 10.

RASHOMON besitzt die Struktur einer Schachtelrahmenerzählung ergo einer Rahmenerzählung mit doppeltem Rahmen,[110] innerhalb derer es drei Ebenen gibt. Die erste Ebene bildet die äußere Rahmenhandlung, die intradiegetisch in der Gegenwart spielt und in einer Tempelruine namens Rashomon angesiedelt ist. Hier erzählen ein Holzfäller und ein Mönch rückblickend die Geschichte der Ermordung des Mannes im Wald, wie sie diese im Gericht vernommen bzw. selbst erlebt haben. Die Szenen im Gericht bilden dabei die innere Rahmenhandlung. Die Rückblenden stellen schließlich die Binnenerzählung dar, in denen die Zeugen ihre Version der Geschichte wiedergeben. Es gibt auf der Ebene der inneren Rahmenhandlung drei Teilperspektiven: die erste Version des Holzfällers, die des Mönches und die des Mannes, der den Räuber Tajomaru gefangen hat. In diesen Versionen werden jeweils nur kurze Situationen vor (Mönch) und nach (Holzfäller und ‚Räuberfänger') dem Mord geschildert. Danach gibt es die drei Hauptversionen der direkt am Geschehen Beteiligten, wenn der Räuber, die Ehefrau und der tote Samurai (durch eine Geisterbeschwörerin) ihre Varianten des Tathergangs erzählen sowie eine vierte, wenn der Holzfäller eine korrigierte Ausführung seiner ersten Darstellung darbietet. Da die innere Rahmenhandlung und die Binnenerzählung durch die Montage stark miteinander verknüpft sind, sollen sie gemeinsam untersucht werden, bevor die äußere Rahmenhandlung analysiert wird. Chronologisch angeordnet ergibt das folgender Reihenfolge der Episoden: Rahmenhandlung Teil 1, Holzfäller Version 1, Mönch, Fänger, Räuber, Rahmenhandlung Teil 2, Ehefrau, Rahmenhandlung Teil 3, toter Samurai, Rahmenhandlung Teil 4, Holzfäller Version 2, Rahmenhandlung Teil 5. Auf der inhaltlichen Ebene erscheint es zunächst möglich, dass eine additive Relation der Perspektiven vorliegt. Die drei Teilperspektiven, die die Binnenerzählung einleiten, stellen unterschiedliche Aspekte des Geschehens dar und widersprechen sich nicht. Mit Einführung der Hauptversionen wird aber schnell deutlich, dass es sich um hochgradig unvereinbare und gegensätzliche Varianten handelt und diese deshalb als inkompatibel einzuordnen sind. Man kann bei RASHOMON deshalb von einer dialogischen Multiperspektivität sprechen.

Bezüglich der Perspektivenstruktur kann man bei Akira Kurosawas Film eine offene Form konstatieren, da die einzelnen Perspektiven kein gemeinsames Zentrum haben. Innerhalb der vier Hauptversionen gibt es lediglich einen Konsens darüber, dass die Frau vergewaltigt worden ist, aber in allen anderen Punk-

---

[110] Vgl. Jäggi, Andreas: Die Rahmenerzählung im 19. Jahrhundert. Untersuchungen zur Technik und Funktion einer Sonderform der fingierten Wirklichkeitsaussage. Bern u.a. 1994, S. 54.

ten sind die Figuren unterschiedlicher Meinung. So behauptet außer dem Holzfäller jede Figur, sie habe den Samurai umgebracht. Auch über die Tatwaffe – Dolch oder Schwert – besteht keine Einigkeit. Die zweite Version des Holzfällers, dem man als Unbeteiligten noch am ehesten eine objektive Sicht auf die Geschehnisse abnehmen würde, wird dadurch entkräftet, dass er vor Gericht falsches Zeugnis abgelegt hat und ihm unterstellt wird, er habe den Dolch gestohlen. Da sich die Zuschauer*in vergeblich um eine Auflösung des Geschehens bemüht und bis zum Ende keine eindeutige Wahrheit, sondern nur subjektive Wahrheiten feststellen kann, kommt dem Film in diesem Fall die Funktion zu, einen Diskurs über die Wahrheit zu führen. Dabei zeigt der Film eine ähnliche Auffassung von Wahrheit wie sie im Perspektivismus vertreten wird, in welchem man davon ausgeht, dass der Mensch seine Perspektive selbst wählt und Wahrheit deshalb subjektabhängig ist. In welchem Grad die Darstellungen in RASHOMON bewusst nach den Vorstellungen der Figuren geformt werden, wird nicht geklärt. Eindeutig ist aber, dass die jeweiligen Wahrheiten stets mit dem „Stolz und Ehrgefühl"[111] der Figuren harmonieren und diese sich selbst vorteilhaft präsentieren.[112] Eine weitere Funktion des multiperspektivischen Erzählens in RASHOMON ist die Überführung des Geschehens auf die selbstreflexive Ebene, die sich beispielsweise in der später noch näher beschriebenen auffälligen Kameraführung offenbart. Auch die Aussage des Vagabunden „Von mir aus kann lügen, wer will. Hauptsache die Geschichte ist gut"[113] (35'09) kann in diese Richtung gedeutet werden, denn sie spiegelt die vermutete Haltung des Publikums wider, dem es im Normalfall nicht um den Wahrheitsgehalt eines Films geht, sondern um dessen Unterhaltungswert.

Wie oben geschildert, gibt es insgesamt fünf Stellen, an denen der Film das Geschehen auf die Ebene der äußeren Rahmenhandlung zurückführt. RASHOMON beginnt mit der Rahmenhandlung, in welcher direkt im ersten Satz auf ‚die Geschichte' und ihre Unbegreifbarkeit verwiesen wird.[114] Außerdem werden hier die drei Figuren der Rahmenhandlung eingeführt, der Holzfäller, der

---

[111] Kiefer, Bernd: Rashomon – Das Lustwäldchen. In: Koebner, Thomas: Filmklassiker (Band 2). Stuttgart ⁴2002, S. 95-101, hier S. 98.
[112] Vgl. Koebner, Thomas: Vorwort. In: Liptay, Fabienne; Wolf, Yvonne (Hrsg.): Was stimmt denn jetzt? Unzuverlässiges Erzählen in Literatur und Film, München 2005, S. 9-11, hier S. 9.
[113] Die direkt wiedergegebenen Zitate von Filmcharakteren beziehen sich auf die deutsche Synchronfassung des Films und nicht auf die Untertitel, die teilweise stark von dieser abweichen.
[114] Holzfäller: „Hm, tja, diese Geschichte… die werde ich nie verstehen" (1'54).

Mönch und der Vagabund.[115] Die Haltung des Films gegenüber der Wahrheit offenbart sich nicht nur durch die unvereinbaren Perspektiven, sondern wird auf der Ebene der äußeren Rahmenstruktur zusätzlich von den Figuren diskutiert. Bereits in der Exposition spricht der Mönch dies an: „Das Entsetzliche ist, dass es keine Wahrheit zu geben scheint" (4'36). Außer im vierten Teil der Rahmenhandlung, in dem lediglich eine Überleitung zur zweiten Version des Holzfällers stattfindet, wird die Wahrheitsdebatte in allen weiteren Rahmenhandlungsepisoden fortgeführt. Dabei zeigen sich die unterschiedlichen Einstellungen der Figuren zu diesem Thema. Der Vagabund hat die toleranteste Einstellung gegenüber dem Lügen, er ist geprägt von Egoismus und Eigennutz. Er glaubt, dass sich die Menschen oft ihrer falschen Aussagen nicht bewusst sind, manchmal aber auch absichtlich lügen, und dass sie sich nur an das erinnern, was sie in gutem Lichte erscheinen lässt. Die Wahrheitsauffassung des Mönchs ist teilweise widersprüchlich, denn wie bereits beschrieben zweifelt er zum einen an der Existenz der Wahrheit, zum anderen aber führt er die Lügen der Menschen auf ihre Angst vor eben dieser zurück und glaubt in idealistischer Manier an die Wahrheit im Menschen. Der Holzfäller kommt resigniert zu dem Schluss, dass jeder Mensch egoistisch sei und „nur wahr ist, was nützt" (1'17'50). Am Ende des Films, im letzten Teil der Rahmenhandlung, wird der Wahrheit die Ethik gegenübergestellt und der Film damit um die Dimension der Moral erweitert im Sinne einer „moralization of interpretation", eines „attempt to translate an epistemological or hermeneutic dilemma into ethical terms"[116]. Der Holzfäller, der wahrscheinlich in beiden seiner Versionen gelogen oder zumindest Tatsachen verschwiegen hat, um den Diebstahl des Dolches zu vertuschen, nimmt sich eines Findelkindes an, welches die Männer in der Tempelruine finden. Somit steht nicht mehr die Unaufrichtigkeit seiner Worte im Vordergrund, sondern das sich in seinen Taten zeigende Verantwortungsbewusstsein gegenüber der Welt; der Film endet deshalb nicht im Nihilismus, sondern mit einem hoffnungsvollen Blick auf die Zukunft. Auch wenn man keine Gewissheit über das tatsächliche Geschehen haben kann, ist Verantwortungsgefühl unverzichtbar. Dies zeigt die selbstlose Tat des Holzfällers, die eine Reaktion auf den Zynismus des Vagabunden darstellt, der

---

[115] Der Vagabund wird in anderen Filmanalysen unter anderem als Knecht oder Bürger bezeichnet oder auch als „unbekannte[r] Jedermann". Griem (2000), Aspekte filmischer Multiperspektivität, a.a.O., S. 317.
[116] Boyd, David: Film and the Interpretive Process. A Study of *Blow-Up*, *Rashomon*, *Citizen Kane*, *8½*, *Vertigo* and *Persona*. New York u.a. 1989, S. 67.

aus dem Befund, dass jeder für sich selbst sorgen müsse die Rechtfertigung zieht dem Findelkind seine Kleidung zu stehlen.[117]

Bildkomposition und Kameraführung gestalten die Perspektive auf der bildästhetischen Ebene, auf welcher RASHOMON ein streng durchdachtes visuelles Konzept aufweist. Jeder der drei Handlungsorte hat seine eigene Ästhetik. Im Gericht herrschen unbewegte Einstellungen vor, die an den Spielort Theater erinnern.[118] Es wird stets der gleiche Bildausschnitt gezeigt,[119] in welchem ausschließlich die jeweilige Zeug*in im Vordergrund des Bildes zu sehen ist und zuweilen zusätzlich die Personen, die bereits ausgesagt haben, vor einer Mauer im Bildhintergrund. Damit wird der Zuschauer*in der Blick auf das angesprochene Gegenüber verweigert. Sie nimmt zusammen mit der Kamera den Point of View des Richters ein und wird, weil der Film kein Urteil und keine Auflösung bietet, selbst in die Rolle derjenigen versetzt, die entscheiden muss, was wahr und was unwahr ist, wem sie Glauben schenken und wem sie misstrauen sollte – oder aber die vor dieser Aufgabe kapitulieren muss.[120] In den Gerichtsszenen gibt es nur zwei Bildebenen – die Zeug*innen im Vordergrund und die bereits verhörten Figuren vor der Mauer im Hintergrund – wodurch die Tiefenwirkung des Raums nicht verstärkt wird, sondern dieser als flach und eindimensional erscheint (vgl. Screenshots 1). Es herrschen hier vor allem horizontale Linien vor, die durch die den Horizont ersetzende Mauer im Bildhintergrund entstehen.

Screenshots 1: Horizontale Linien und flaches Bild in den Gerichtsszenen in RASHOMON (10'41, 11'18, 28'20)

Im Tempelbogen Rashomon hingegen dominieren vertikale Linien das Bild (vgl. Screenshots 2). Sie kommen durch die hoch aufragenden Säulen und Pfeiler der

---

[117] Vgl. ebd., S. 70f.
[118] Vgl. Griem (2000), Aspekte filmischer Multiperspektivität, a.a.O., S. 316.
[119] Vgl. ebd., S. 317.
[120] Vgl. ebd.

Ruine zustande. Der beständig fallende Regen, dem Kurosawa besonderes Gewicht verleihen wollte, indem er das Regenwasser mit Tusche einfärbte,[121] verstärkt die senkrechte Ausrichtung und verweist außerdem auf die Machtlosigkeit des Menschen gegenüber den Naturgewalten.[122] Zu Beginn des Films gibt es einige streng komponierte Einstellungen im Tempelbogen. Einer Panoramaaufnahme der Ruine folgen nähere Einstellungen, bis man schließlich den Holzfäller und den Mönch auf dem Boden sitzend erkennt. Nach einem Heransprung an die Figuren sieht man sie erneut in einer Totalen, dabei sitzen sie in einem nahezu quadratischen Bogen (2'15), der wie ein Fenster wirkt, das den Blick auf die dahinter in der Ferne liegenden Berge ermöglicht, die allerdings partiell durch eingefallene Gebäudestücke verdeckt sind. Metaphorisch kann dies als Blick der Zuschauer*in auf die folgende Geschichte gesehen werden, von der anzunehmen ist, dass sie sich in den Wäldern der Berge zugetragen hat. Die Kameraführung im Tempel ist ansonsten flexibel,[123] es gibt viele extreme Auf- und Untersichten und es wird meistens ein eher distanzierter Blick auf die Figuren eingenommen, das heißt keine Figur wird fokalisiert.[124] Auffallend ist, dass es in den Dreier-Konstellationen im Tempel ebenso wie im Wald immer wieder vorkommt, dass nur zwei der drei Figuren zu sehen sind und die dritte für einen längeren Zeitraum gar nicht mehr im Bild erscheint, auch wenn das Publikum um ihre Präsenz weiß. Dies ist dann der Fall, wenn zwei Personen miteinander kommunizieren und die dritte nicht an dem Gespräch teilnimmt, zum Beispiel wenn der Holzfäller beginnt, dem Vagabunden seine Version der Geschichte noch einmal zu erzählen (57'53). Das entspricht der menschlichen Wahrnehmung, die nur das vernimmt, was gerade im Fokus der Aufmerksamkeit steht und anderes ausblendet. Diese Leerstellen werden dann später vor dem geistigen Auge der Zuschauer*innen vermutlich mit dem aufgefüllt, von dem sie anneh-

---

[121] Vgl. Koebner, Thomas: Akira Kurosawa. In: Koebner, Thomas (Hrsg.): Filmregisseure. Biographien, Werkbeschreibungen, Filmographien. Stuttgart ²2002, S. 375-383. hier S. 377.
[122] Vgl. Kiefer (2002), Rashomon, a.a.O., S. 99.
[123] Vgl. Griem (2000), Aspekte filmischer Multiperspektivität, a.a.O., S. 317.
[124] Der in der Erzähltheorie der Literatur von Gérard geprägte Begriff der Fokalisierung (vgl. Genette, Gérard: Die Erzählung. München ²1998, S. 134f.) ist für die Filmanalyse von Vorteil, weil ermöglicht, auch dann von der Perspektive einer Figur zu sprechen, wenn kein Point of View vorliegt. Dies bedeutet, dass die fokalisierte Person im Bild zu sehen sein darf, wohingegen beim Point of View die Kamera den Standpunkt der blickenden Person einnimmt, was über mehrere Einstellungen hinweg einen befremdenden Effekt bewirkt.

men, dass es geschehen sei, ohne dass sie ein Bewusstsein darüber haben, dass sie es eigentlich gar nicht gesehen oder gehört haben.

Screenshots 2: Vertikale Linien in der Tempelruine in RASHOMON (1'15, 2'39, 5'44)

Im Wald entspricht das ästhetische Konzept der Kameraführung eher dem in der Tempelruine. Innerhalb der Bildkomposition sind jedoch weder vertikale noch horizontale Linien dominant und das Dickicht des Gebüsches symbolisiert gleichsam die Undurchdringlichkeit der Wirklichkeit und die Unmöglichkeit des Erkennens einer Wahrheit. Kameraführung und Schnitt vitalisieren das Geschehen und stehen im extremen Gegensatz zu den statischen Einstellungen im Gericht. Die Episoden sind jeweils durch die sie erzählende Figur fokalisiert. Auch hier gibt es extreme Perspektiven, beispielsweise zu Beginn der Version des Räubers, wenn man zunächst am Stamm eines Baumes nach oben blickt und die Kamera dann herunterfährt und den unter einem benachbarten Stamm schlafenden Tajomaru zeigt. In der Holzfäller-Sequenz am Anfang des Films kommt auch die Handkamera zum Einsatz, wenn der Holzfäller durch den Wald läuft. Die Kamera ist hier ständig in Bewegung, springt von einer ungewöhnlichen Perspektive in die nächste, zeigt den Holzfäller von unten, wenn er über einen Baumstamm balanciert, von der Seite, von hinten, empfängt ihn von vorne oder bewegt sich seitlich parallel zu ihm. Wenn er durchs Gebüsch läuft, folgt sie ihm und bekommt eine nahezu physische Präsenz, dadurch dass die Blätter, die dem Holzfäller ins Gesicht peitschen, analog dazu auf das Objektiv der Kamera prallen. Obwohl man eine Rundumsicht auf den Holzfäller bekommt, kann man trotzdem nicht in sein Inneres blicken, was als Verweis auf die im Film zum Tragen kommende Haltung angesehen werden kann, nach der viele Einzelperspektiven sich nicht zu einem klaren Gesamtbild zusammensetzen lassen und folglich keinen Schlüssel zur Wahrheit bieten. Auffallend sind auch die zahlreichen Einstellungen, in denen der Holzfäller nicht zu sehen ist, die aber auch keine Point of Views von ihm darzustellen scheinen. Dabei ist in einer Fahrt das Kronendach des Waldes zu sehen, durch das manchmal die Sonne blitzt. Insgesamt kann man in dieser Sequenz zwar von einer Fokalisierung des Holzfällers sprechen, dennoch gibt es ein eindeutiges Eigenleben der Kamera, welches sich in den Einstellungen manifestiert, die nicht der Sicht des Holzfäller zuzuordnen sind.

Der Blick nach oben, Richtung Himmel ist an vielen Stellen des Films wiederzufinden, oft in einem mit der eigentlichen Handlung nicht direkt zusammenhängenden Kontext. Wenn Tajomaru zum ersten Mal auftaucht, sitzt er gefesselt neben seinem Fänger und blickt aus dem Bildkader (12'25). Es folgen eine Großaufnahme des Räubers und dann ein kurzer Umschnitt auf einen wolkenverhangenen Himmel. In der Episode von Tajomaru wechseln sich die Einstellungen der sich zunächst dem Kuss des Räubers widersetzenden Frau ab mit Point of Views von ihr, die ihren Blick in das Kronendach zeigen. Am Anfang ist dieser Blick unstet und bewegt und scheint die Sonne zu suchen, bevor er ruhig wird und schließlich verschwimmt, wenn die Frau ihre Augen schließt und sich dem Kuss hingibt. Dabei gleitet ihr der Dolch aus der Hand und bleibt aufrecht im Boden stecken, gleichsam symbolisch auf die folgende, nicht gezeigte Vergewaltigung hindeutend. Es scheinen dies Blicke zu sein, die vergeblich nach einer verborgenen höheren Macht suchen, welche in ihrer Allwissenheit die Wahrheit kennt. Die Aussichtslosigkeit dieser Suche verdeutlicht die Wahl eines zerfallenen Tempels als Schauplatz, welcher den ruinösen Glauben an eine höhere Wahrheit symbolisiert. Da die Waldsequenzen meist ungeordnet und chaotisch wirken, stehen sie dem Konzept der Zentralperspektive konträr gegenüber, welches sich zum Ziel gesetzt hat, die Welt organisiert und übersichtlich zu zeigen.[125]

Als letzter Punkt soll die Filmmusik Beachtung finden. Zunächst scheint die Musik nicht mit der Perspektive in Zusammenhang zu stehen, außer dass sie die Fokalisierung einer Person verdeutlichen kann und damit gewissermaßen den ‚inneren Standpunkt' auf akustischer Ebene zum Ausdruck bringt. So kann sie Spannung aufbauen, wenn eine Figur sich in einer kritischen Situation befindet, zum Beispiel bevor der Holzfäller auf die Leiche stößt und sich die Unruhe der

---

[125] An dieser Stelle soll angemerkt werden, dass ein Vergleich von RASHOMON mit der Zentralperspektive insofern problematisch ist, als der Film aus Japan kommt, die Zentralperspektive aber ein Prinzip ist, das der westlichen Tradition entstammt. Inwiefern die östlichen Perspektivenvorstellungen von den westlichen abweichen und wie sich das im Film niederschlägt, wäre ein interessantes Forschungsthema, dem sich die vorliegende Arbeit leider nicht widmen kann.

Figur auf musikalischer Ebene bereits vor der schrecklichen Entdeckung zeigt. Bei RASHOMON kommt der Musik eine weitere Funktion zu. Sie reflektiert auf der Tonebene die Perspektivenstruktur des Films, indem sie die gleiche Melodie in unterschiedlichen Variationen immer wieder aufgreift genauso wie der Film das gleiche Geschehen – den Mord am Samurai – in den verschiedenen Episoden verändert wiederholt. Akira Kurosawa bedient sich dabei des „Boleros", einer Musik, die das Motiv der Abwandlung verinnerlicht hat. In der Originalversion von Maurice Ravel werden zwei Themen in insgesamt 18 Variationen wiedergegeben, die sich nicht hinsichtlich ihres Rhythmus und ihrer Melodie unterscheiden, sondern nur durch die jeweils veränderte Klangfarbe.[126] Auf RASHOMON übertragen könnte man sagen, dass die Versionen der unterschiedlichen Personen sich nicht hinsichtlich des Ergebnisses unterscheiden – der Samurai ist tot –, aber hinsichtlich der Klangfarbe der einzelnen Episoden, ergo hinsichtlich des angeschlagenen Tons der verschiedenen Berichte. Der japanische Komponist Fumio Hayasaka hat den Bolero für RASHOMON umgeschrieben und das Leitmotiv jeweils auf die einzelnen Charaktere und die Situation, in der sie sich befinden, angepasst.[127]

Zusammenfassend lässt sich feststellen: RASHOMON hat die Struktur einer doppelten Rahmenhandlung. Die einzelnen Perspektiven widersprechen sich und stehen deshalb in inkompatibler Relation zueinander. Der Film weist eine offene Perspektivenstruktur auf. Die multiperspektivische Erzählweise dient der Problematisierung des Wahrheitsverständnisses und stellt selbstreflexive Bezüge her. Die Wahrheitsdebatte wird auf der Ebene der äußeren Rahmenhandlung durch die Figuren fortgeführt. Am Ende wird der Film um eine weitere Dimension ergänzt, wenn er zwar die Wahrheit verneint, aber ihr die Moral gleichsam als Alternative gegenüberstellt: Auch in einer Welt ohne allgemein gültige Wahrheit muss man handeln. Auf die im vorherigen Kapitel entworfene Schematisierung zurückblickend ergibt sich für die Perspektive und Wahrheitsdarstellung in RASHOMON damit folgende Abbildung:

---

[126] Vgl. Lechleitner, Gerda: Klangfarbenétude. Studien zum Bolero von Maurice Ravel. Tutzing 1989, S. 14.
[127] Vgl. Film Reference: http://www.filmreference.com/Writers-and-Production-Artists-Ha-Ja/Hayasaka-Fumio.html, Zugriff am 11.08.2015.

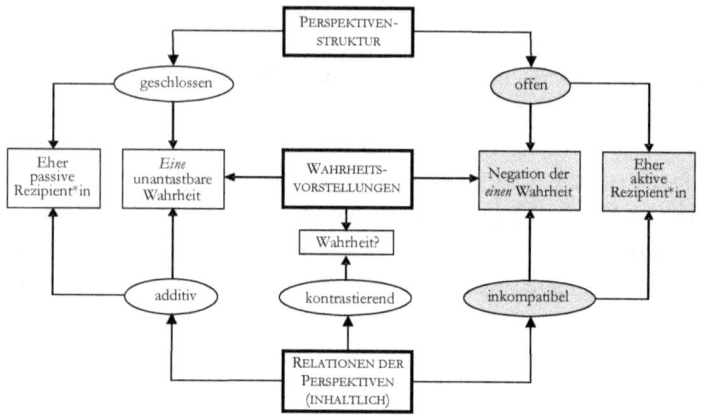

Abbildung 2: Perspektive und Wahrheit RASHOMON[128]

Die Art und Weise wie in RASHOMON ein Geschehen in viele Perspektiven aufgesplittert wird, von denen jede eine eigene Wahrheit beinhaltet, wodurch die *eine* Wahrheit ausgeschlossen wird, hat sogar einen Begriff für dieses Verfahren geprägt: das Rashomon-Prinzip.[129] Es wurde in vielen Filmen aufgegriffen wie zum Beispiel in SURVEILLANCE (Lynch 2008) oder VANTAGE POINT, selten aber mit der gleichen Prägnanz und Einprägsamkeit. Auch die Produktion YING XIONG aus Hongkong verwendet dieses Prinzip, um jedoch zu einem grundsätzlich anderen Schluss zu kommen. Genau entgegengesetzt zu RASHOMON, in welchem die *eine* Wahrheit verneint wird, propagiert YING XIONG die Wahrheit im Sinne der Aufgabe des Wohls des einzelnen für das Wohl der Gemeinschaft dadurch, dass „alle unter dem Himmel", ergo alle Provinzen, unter der Macht des Kaisers Qin vereint werden können.

3.3 Neurowissenschaftliche und wahrnehmungspsychologische Grundlagen der Wahrnehmung

In den Neurowissenschaften und in der Wahrnehmungspsychologie geht es darum zu verstehen, wie menschliches Wahrnehmen und Erkennen funktioniert, also im Speziellen um die physiologischen und kognitiven Vorgänge im Gehirn.

---

[128] Schaubild basiert auf den zuvor vorgestellten Überlegungen, v.a. von Nünning und Nünning (2000), Multiperspektivität aus narratologischer Sicht, a.a.O., S. 39-77; Zutreffende Merkmale sind farbig hervorgehoben.
[129] Vgl. Koebner (2002), Akira Kurosawa, a.a.O., S. 377.

Dabei beschäftigen sich Neurowissenschaftler*innen vor allem mit der „Untersuchung der internen Repräsentation mentaler Ereignisse"[130], folglich mit den Vorgängen im Gehirn auf der Ebene von Nervenzellen (Neuronen).[131] Wahrnehmungspsycholog*innen hingegen versuchen zu erfassen, „wie der Geist und die Psyche organisiert sind und intelligentes Denken hervorbringen und wie die Prozesse im Gehirn sichtbar werden"[132] und wie „psychologische Kategorien, wie Wahrnehmungs- und Gefühlsqualitäten, Bedeutungskategorien, Erinnerungen oder Einstellungen"[133] zustande kommen. Wahrnehmungspsychologische sowie neurowissenschaftliche Erkenntnisse werden hier gleichermaßen Beachtung finden. Nach einer Beschreibung des Wahrnehmungsvorgangs auf neuronaler Ebene wird erläutert, welche Regeln und Prinzipien beim Wahrnehmungsprozess zur Anwendung kommen und welche weiteren Faktoren einen Einfluss haben. Der Fokus liegt dabei auf der visuellen Wahrnehmung, da diese im Hinblick auf die Filmwissenschaft am bedeutendsten ist.

Bei der Wahrnehmung treffen physikalische und chemische Reize aus der Umwelt auf die Sinnesorgane, im Falle der visuellen Wahrnehmung Lichtwellen auf das Auge. Zunächst gelangt das Licht durch die Pupille ins Auge und wird von der Linse gebrochen. Die dadurch gebündelten Lichtstrahlen erzeugen ein Abbild auf der Netzhaut (Retina).[134] Die Photorezeptorzellen (Stäbchen und Zapfen) auf der Netzhaut sind lichtempfindlich und lösen bei der Aktivierung durch Lichtstrahlen einen photochemischen Prozess aus,[135] bei dem durch Reizübersetzung (Transduktion) das Licht in elektrische Signale in Form von Nervenimpulsen umgewandelt wird. Diese werden in einer Reizweiterleitungskette an die nachgeschalteten Neuronen in der Retina weitergegeben und letztlich durch den Sehnerv an das Gehirn geleitet.[136] Über die neuronalen Bahnen werden sie dabei an die primäre Sehrinde (visueller Cortex) übermittelt und von dort

---

[130] Kandel, Eric; Kupfermann, Irving: Von den Nervenzellen zur Kognition. In: Kandel, Eric R.; Schwartz, James H.; Jessell, Thomas M. (Hrsg.). Neurowissenschaften. Eine Einführung. Heidelberg / Berlin / Oxford 1996, S. 327-352, hier S. 327.
[131] Vgl. Pospeschill, Mark: Konnektionismus und Kognition. Eine Einführung. Stuttgart 2004, S. 13.
[132] Anderson, John R.: Kognitive Psychologie. Berlin / Heidelberg 62007, S. 1.
[133] Fiedler, Klaus et al.: Psychologie im 21. Jahrhundert. Eine Standortbestimmung. In: Könneker, Carsten (Hrsg.): Wer erklärt den Menschen. Hirnforscher, Psychologen und Philosophen im Dialog. Frankfurt a. M. 2006, S. 111-118, hier S. 114.
[134] Vgl. Goldstein, Bruce: Wahrnehmungspsychologie. Der Grundkurs. Berlin / Heidelberg 72008, S. 22.
[135] Vgl. Anderson (2007), Kognitive Psychologie, a.a.O., S. 50-52.
[136] Vgl. Goldstein (2008), Wahrnehmungspsychologie, a.a.O., S. 5, S. 22 und S. 30.

an die anderen visuellen Regionen des Cortex.[137] Erst kürzlich stellten die Neurowissenschaftler Frank Werblin und Botond Roska fest, dass bereits in der Retina durch spezialisierte Neuronen eine Unterscheidung verschiedenartiger Informationen wie Konturen, hellen und dunklen Flächen, Bewegung und Farben stattfindet. Sie verglichen die über verschiedene Bahnen weitergeleiteten Informationen mit einzelnen Filmen, die jeweils einen bestimmten Inhalt transportieren. Werblin und Roska gehen von insgesamt zwölf Filmen aus, die bei diesem Vorgang entstehen und quasi permanent in unserem Gehirn ablaufen.[138] Sie können als „visuelle[] Sprache" und als „Vokabular des Sehens"[139] bezeichnet werden.

Die Wahrnehmung durch die anderen Sinne funktioniert ähnlich wie beim Sehen. So befinden sich in den Fingern Rezeptoren, die auf Temperatur und Druck reagieren, in der Nase und auf der Zunge sind solche, die Geruch und Geschmack durch chemische Verbindungen übertragen und beim Hören bringen Druckwellen in der Luft die Sinneszellen im Innenohr zum Schwingen.[140] All diese unterschiedlichen Umweltreize werden genauso wie die visuellen durch Transduktion in elektrische Impulse umgewandelt. Nach der Transduktion liegen alle Reize demnach in der gleichen Form vor und sind nicht mehr voneinander zu unterscheiden. Diese Unspezifität von Reizen im Gehirn wird als „Neutralität des neuronalen Codes"[141] bezeichnet. Diesen neutralen Signalen muss im Gehirn erst wieder Bedeutung zugewiesen werden.[142] Der Ort, von dem das Signal ausgeht, beispielsweise das Auge, bestimmt dabei die Art der Wahrnehmungsempfindung,[143] zum Beispiel den Farbton.

---

[137] Vgl. Rock, Irvin: Wahrnehmung. Vom visuellen Reiz zum Sehen und Erkennen. Heidelberg / Berlin 1998, S. 5f.
[138] Vgl. Werblin, Frank; Roska, Botond: Wie das Auge die Welt verfilmt. In: Spektrum der Wissenschaft. Mai 2008, Heft 5, S. 40-47, hier S. 41f.
[139] Ebd., S. 43.
[140] Vgl. Goldstein (2008), Wahrnehmungspsychologie, a.a.O., S. 71f.
[141] Roth, Gerhard: Das Gehirn und seine Wirklichkeit. Kognitive Neurobiologie und ihre philosophischen Konsequenzen. Frankfurt a. M. ^{4}1996, S. 80. Hervorhebung des Originals entfernt.
[142] Vgl. ebd., S. 88-101 und S. 298.
[143] Vgl. Roth, Gerhard: Erkenntnis und Realität: Das reale Gehirn und seine Wirklichkeit. In: Schmidt, Siegfried J. (Hrsg.): Der Diskurs des Radikalen Konstruktivismus. Frankfurt a. M. 1987, S. 229-255, hier S. 233.

In der Gestaltpsychologie kam zum ersten Mal „eine moderne, kognitiv orientierte Sichtweise"[144] zum Tragen. Bereits zu Beginn des 19. Jahrhunderts fingen die Gestaltpycholog*innen um Max Wertheimer an, sich mit der Wahrnehmung von Objekten zu beschäftigen. Sie erkannten verschiedene Regeln, die sich der Mensch bei der visuellen Wahrnehmung zunutze macht.[145] Das wichtigste dieser Gestaltprinzipien ist das „Prinzip der Prägnanz", das auch „Prinzip der Einfachheit" oder „Prinzip der guten Gestalt"[146] genannt wird. Es besagt, dass man dazu tendiert, auch unvollkommene Gestalten zu vervollständigen und damit fehlende Informationen selbst zu ergänzen. Je vertrauter einem eine Gestalt ist, desto weniger Anhaltspunkte braucht man, um sie zu erkennen.[147] Der Kunstpsychologe und Filmtheoretiker Rudolf Arnheim, ein Schüler von Wertheimer, hat die Gestalttheorie im Hinblick auf Kunst untersucht. Nach Arnheim muss die Betrachter*in eines Kunstwerkes dieses zunächst als Einheit erfassen, denn die „Gesamtkomposition" vermittelt „eine Aussage, die wir nicht verlieren dürfen", „ein […] Thema […] zu dem alles in Beziehung steht"[148].

Die Gestaltwahrnehmung ist eng verknüpft mit den Leistungen des Gedächtnisses. Um beispielsweise das Prinzip der guten Gestalt anwenden zu können, muss man zunächst wissen, wie eine Gestalt überhaupt in ihrer Gesamtheit aussieht. Neurowissenschaftliche Erkenntnisse unterstützen die Annahmen der Gestaltpsychologie: Es wurden Neuronen entdeckt, die besonders stark reagieren, wenn die Gesetze des guten Verlaufs bzw. der Ähnlichkeit angewendet werden.[149] Wenn bestimmte Gestalten häufig auftreten, legt das Gehirn diese Informationen in Form verstärkter „synaptischer Kopplungen"[150] ab. Seine Bereit-

---

[144] Kandel, Eric: Die Konstruktion des visuellen Bildes. In: Kandel, Eric R.; Schwartz, James H.; Jessell, Thomas M. (Hrsg.): Neurowissenschaften. Eine Einführung. Heidelberg / Berlin / Oxford 1996, S. 393-411, hier S. 394.
[145] Vgl. Goldstein (2008), Wahrnehmungspsychologie, a.a.O., S. 106f.; vgl. Anderson (2007), Kognitive Psychologie, a.a.O., S. 58f.
[146] Goldstein (2008), Wahrnehmungspsychologie, a.a.O., S. 108. Hervorhebung des Originals entfernt.
[147] Vgl. Roth (1996), Das Gehirn und seine Wirklichkeit, a.a.O., S. 245-247.
[148] Arnheim, Rudolf: Kunst und Sehen. Eine Psychologie des schöpferischen Auges. Berlin / New York ³2000, S. 9.
[149] Vgl. Kapadia, Mitesh K. et al.: Improvement in Visual Sensitivity by Changes in Local Context: Parallel Studies in Human Observers and in VI of Alert Monkeys. In: Neuron. 15. Jahrgang, Oktober 1995, S. 843-856, hier S. 843.
[150] Roth, Gerhard: Das konstruktive Gehirn: Neurobiologische Grundlagen von Wahrnehmung und Erkenntnis. In: Schmidt, Siegfried J. (Hrsg.): Kognition und Gesellschaft. Der Diskurs des Radikalen Konstruktivismus 2. Frankfurt a. M. ²1992. S. 277-336, hier S. 316.

schaft, auf diese Gestalt anzusprechen und sie als solche wahrzunehmen, ist fortan höher.[151] Das Gehirn speichert die durch Erfahrung und Vorwissen gewonnenen Erkenntnisse neuronal ab und erhält dadurch eine Formbarkeit, die auch als „neuronale Plastizität"[152] bezeichnet wird. Stimuli, denen man oft begegnet, führen zu besonders starker Aktivierung von Neuronen („erfahrungsabhängige Plastizität"[153]), weshalb häufig vorkommende und relevante Objekte besonders gut erkannt werden können.[154] Da Regeln, die sich als brauchbar erwiesen haben, ‚gespeichert' und bei Bedarf abgerufen werden, kann man das Gehirn als selbstorganisierend bezeichnen.[155] Während des Wahrnehmungsprozesses kommen in der Hirnrinde und den darunterliegenden Arealen Informationen aus vergangenen Erlebnissen hinzu,[156] wodurch „alles im Lichte vergangener Erfahrung wahr[genommen]"[157] wird.

Einige weitere Beispiele für Regeln, deren Anwendung sich bewährt hat, sind die konstante Wahrnehmung von Größen, wenn ein Objekt sich entfernt oder nähert (Größenkonstanz), die konstante Wahrnehmung von Farben unter veränderten Lichtverhältnissen (Farbkonstanz),[158] das Erkennen eines Objekts von unterschiedlichen Standorten aus (Blickwinkelvarianz)[159] sowie die dreidimensionale Wahrnehmung, obwohl das Abbild auf der Netzhaut nur zwei Dimensionen hat.[160] Die Verwendung bestimmter Regeln und Gesetze verweist darauf, dass das Gehirn eingehende Reize bis zu einem gewissen Grad selektiert – und damit vieles ignoriert – also die eingehenden Informationen abstrahieren muss. Dabei können ihm Fehler unterlaufen, wie sich mit Hilfe von Wahrnehmungstäuschungen verdeutlichen lässt. Bei der Müller-Lyer-Täuschung sieht man zwei Striche mit Pfeilspitzen an beiden Enden, die in einem Fall nach innen zeigen, im anderen Fall nach außen. Obwohl beide Striche genau gleich lang sind, erscheint der Strich mit den nach außen zeigenden Pfeilspitzen kürzer. Eine mögliche Erklärung hierfür ist die Ausrichtung der Wahrnehmung auf einen dreidi-

---

[151] Vgl. ebd., S. 317.
[152] Goldstein (2008), Wahrnehmungspsychologie, a.a.O., S. 70.
[153] Ebd., S. 92. Hervorhebung des Originals entfernt.
[154] Vgl. ebd. S. 92f.
[155] Vgl. Roth (1996), Das Gehirn und seine Wirklichkeit, a.a.O., S. 235f. und S. 245.
[156] Vgl. ebd., S. 230.
[157] Ebd. Hervorhebung des Originals entfernt.
[158] Vgl. Kandel (1996), Die Konstruktion des visuellen Bildes, a.a.O., hier S. 394.
[159] Vgl. Goldstein (2008), Wahrnehmungspsychologie, a.a.O., S. 105.
[160] Vgl. Kandel (1996), Die Konstruktion des visuellen Bildes, a.a.O., hier S. 394.

mensionalen Raum und eine falsch interpretierte Größendistanz innerhalb dieses Raums.[161]

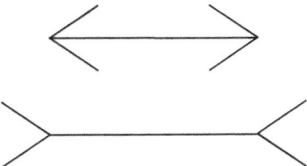

Abbildung 3: Müller-Lyer-Täuschung[162]

Neben den bereits erläuterten Regeln und Prinzipien gibt es noch zahlreiche weitere die Wahrnehmung beeinflussende Faktoren, zum Beispiel Kontext,[163] Emotionen und Erwartungen[164] sowie kulturelle und soziale Einflüsse[165]. In einem beeindruckenden Experiment wurde gezeigt, wie groß der Einfluss der Aufmerksamkeit auf die Wahrnehmung ist. In einer Videoaufnahme sahen die Proband*innen ein weiß und ein schwarz gekleidetes Team Basketball spielen. Sie sollten sich darauf konzentrieren, wie oft das weiße Team den Ball fängt. Fast alle übersahen dabei die als Gorilla verkleidete Frau, die durch das Bild läuft und sogar kurz in der Bildmitte stehen bleibt, um sich auf die Brust zu trommeln.[166]

Die menschliche Wahrnehmung ist also nicht direkt und unmittelbar, vielmehr wird durch die Benutzung bestimmter Regeln und Prinzipien auf Sinn gebende Weise ein Bild der Umwelt konstruiert. Ständig wird dabei aktiv das geändert, was man zu sehen glaubt, Dinge werden hinzugefügt – wie zum Beispiel beim ganzheitlichen Sehen – und andere ignoriert. Da der Mensch die Komple-

---

[161] Vgl. Goldstein (2008), Wahrnehmungspsychologie, a.a.O., S. 205-207; vgl. Gregory, R.L.: Eye and brain. The Psychology of Seeing. Oxford / New York / Tokio 41990, S. 138f. und S. 150f.
[162] Vgl. Goldstein (2008), Wahrnehmungspsychologie, a.a.O., S. 206.
[163] Vgl. Rosenhan, David L.: Gesund in kranker Umgebung. In: Watzlawick, Paul (Hrsg.): Die erfundene Wirklichkeit. Wie wissen wir, was wir zu wissen glauben? Beiträge zum Konstruktivismus. München 51988, S. 111-137, hier S.119.
[164] Vgl. Roth (1987), Erkenntnis und Realität, a.a.O., S. 231 und S. 249.
[165] Vgl. Mayer, Horst O.: Einführung in die Wahrnehmungs-, Lern- und Werbepsychologie. München 22005, S. 56.
[166] Vgl. Simons, Daniel J.; Chabris, Christopher F.: Gorillas in our midst: Sustained inattentional blindness for dynamic events. In: Perception. 28. Jahrgang 1999, Heft 9, S. 1059–1074. Video siehe: http://viscog.beckman.uiuc.edu/flashmovie/15.php. Zugriff am 28.07.2015.

xität der Umwelt ohnehin nie adäquat erfassen kann, trifft das Gehirn hinsichtlich der Bedeutung der eingehenden Reize wichtige Entscheidungen, die den Prozess der Wahrnehmung um ein Vielfaches beschleunigen.[167] Neuronale Prozesse allein reichen nicht zur Erklärung des Phänomens der Wahrnehmung aus, denn Wahrnehmung ist „mehr als die Umwandlung physikalischer Energie"[168]: „Perception is the interpretation by the brain of our senses"[169] und somit ein höchst subjektiver Vorgang.

Eine philosophische Strömung, die sich mit dem Konstruktionscharakter der Wahrnehmung beschäftigt hat, ist der Konstruktivismus. Auch viele Neurowissenschaftler*innen und Psycholog*innen bezeichnen sich heute als Konstruktivist*innen. Im Folgenden wird die Auffassung der Radikalen Konstruktivist*innen in Bezug auf die Wahrnehmung näher betrachtet, da sie die Grundlage für die sich anschließende Filmanalyse bildet.

3.4 Der Radikale Konstruktivismus

Innerhalb des Konstruktivismus gibt es verschiedene Richtungen wie zum Beispiel den operativen Konstruktivismus, die Erlanger Schule und den Radikalen Konstruktivismus. Im Folgenden wird ausschließlich der Radikale Konstruktivismus vorgestellt, weil er für die anschließende Filmanalyse am aufschlussreichsten ist. Der Ausdruck ‚Konstruktivismus' wird dabei hier, wie auch in vielen der zitierten Texte, synonym zu ‚Radikaler Konstruktivismus' gebraucht. Es gibt keine einheitliche radikalkonstruktivistische Theorie,[170] was zumindest teilweise auf die interdisziplinäre Anwendung des Ansatzes zurückzuführen ist. Radikalkonstruktivistische Ideen haben sich in unterschiedlichen Fächern wie „Biologie, Soziologie, Politikwissenschaft, Logik, Linguistik, Anthropologie und Psychotherapie"[171] entwickelt. Eine besondere Rolle spielten dabei stets Neurobiologie, Kognitionspsychologie und Philosophie. Seit circa zwei Jahrzehnten

---

[167] Vgl. Roth (1987), Erkenntnis und Realität, a.a.O., S. 247.
[168] Mayer (2005), Einführung in die Wahrnehmungs-, Lern- und Werbepsychologie, a.a.O., S. 34.
[169] Lefrançois, Guy R.: Perception. In: Giles, Bridget (Hrsg.): The Brain and the Mind. Hoo 2005, S. 62-85, hier S. 62.
[170] Vgl. Schmidt, Siegfried J.: Der Radikale Konstruktivismus: Ein neues Paradigma im interdisziplinären Diskurs. In: Schmidt, Siegfried J. (Hrsg.): Der Diskurs des Radikalen Konstruktivismus. Frankfurt a. M. 1987, S. 11-88, hier S. 75.
[171] Glasersfeld, Ernst v.: Radikaler Konstruktivismus: Ideen, Ergebnisse, Probleme. Frankfurt a. M. ²1998, S. 49.

sind aber auch vermehrt Vorstöße in die Literatur- und Medienwissenschaften zu verzeichnen.[172]

Die Frage nach dem Wirklichkeitsgehalt der Wahrnehmung ist nicht neu, sondern hat eine lange Geschichte. Bereits Ende des vierten Jahrhunderts vor Christus gab es unter den Vorsokrat*innen die Gruppe der Skeptiker*innen, welche die Zuverlässigkeit der Sinnesorgane in Frage stellte.[173] Descartes zu Beginn der Neuzeit, Locke, Berkeley und Hume im britischen Empirismus[174] und Kant in der Aufklärung[175] leisteten alle ihren Beitrag für die Entstehung des Radikalen Konstruktivismus. Der Italiener Vico kann als erster richtiger Konstruktivist überhaupt angesehen werden,[176] weil er feststellte, dass dem Menschen ein direkter Umgang mit der Wirklichkeit unmöglich ist und wir immer nur „mit unseren eigenen Erfahrungswirklichkeiten"[177] umgehen. Einen besonderen Einfluss zur Entstehung des Radikalen Konstruktivismus hatte Piaget im 20. Jahrhundert. Nach diesem „Pionier der konstruktivistisch ausgerichteten Kognitionsforschung"[178] ist Erkenntnis abhängig von der vorausgehenden Wahrnehmung.[179]

Den Kern des Radikalen Konstruktivismus bildet die Frage nach dem Verhältnis von Wahrnehmung und der vom Menschen unabhängigen Realität. Die Erkennbarkeit der als „'objektive' bewußtseinsunabhängige oder transphänomenale Welt" definierten Realität wird generell bezweifelt und die wahrgenommene Wirklichkeit als ein „Konstrukt des Gehirns"[180] angesehen. Weil die Realität an

---

[172] Vgl. Schmidt, Siegfried J.: Radikaler Konstruktivismus. Forschungsperspektiven für die 90er Jahre. In: Schmidt, Siegfried J. (Hrsg.): Kognition und Gesellschaft. Der Diskurs des Radikalen Konstruktivismus 2. Frankfurt a. M. ²1992. S. 7-23, hier S. 21.
[173] Vgl. Glasersfeld (1998), Radikaler Konstruktivismus, a.a.O., S. 59.
[174] Vgl. ebd., S. 66f.
[175] Vgl. ebd., S. 82.
[176] Vgl. Glasersfeld, Ernst v.: Einführung in den radikalen Konstruktivismus. In: Watzlawick, Paul (Hrsg.): Die erfundene Wirklichkeit. Wie wissen wir, was wir zu wissen glauben? Beiträge zum Konstruktivismus. München ⁵1988, S. 16-38, hier S. 16; vgl. auch Glasersfeld, (1998), Radikaler Konstruktivismus, a.a.O., S. 94.
[177] Stangl, Werner: Das neue Paradigma der Psychologie. Braunschweig 1989, S. 159. http://www.stangl-taller.at/PSYCHOLOGIE/PARADIGMA/default.html. Zugriff am 16.08.2015.
[178] Glasersfeld (1998), Radikaler Konstruktivismus, a.a.O., S. 100.
[179] Vgl. ebd., S. 101.
[180] Roth (1996), Das Gehirn und seine Wirklichkeit, a.a.O., S. 288; vgl. auch Roth, Gerhard: Die Selbstreferenzialität des Gehirns und die Prinzipien der Gestaltwahrnehmung. Gestalt Theory: 7. Jahrgang 1985, Heft 4, S. 228-244, zitiert nach Roth (1996), Das Gehirn und seine Wirklichkeit, a.a.O., S. 288.

sich unzugänglich ist, kann man immer nur mit der Wirklichkeit, die man erfährt, umgehen.[181] Die Existenz der Realität selbst wird dabei allerdings nicht in Frage gestellt,[182] nur ihre Erkennbarkeit durch die sinnliche Wahrnehmung. Der Radikale Konstruktivismus „[erfordert] einen *radikalen* Umbau der Begriffe des Wissens, der Wahrheit, der Kommunikation und des Verstehens"[183] und steht dadurch der traditionellen Erkenntnistheorie konträr gegenüber. Er negiert die Vorstellung von absoluter Wahrheit und Wirklichkeit und macht damit das Individuum voll für seine Taten in der von ihm selbst konstruierten Welt verantwortlich.[184] Der Radikale Konstruktivismus hat sich folglich der „Verteidigung einer humanen Welt"[185] verschrieben.

Bei ihrer Argumentation stützen sich die Radikalen Konstruktivist*innen auf neurowissenschaftliche und kognitionspsychologische empirische Erkenntnisse. Deshalb wird ihnen angelastet, dass sie, obwohl sie die Erkennbarkeit objektiver Erkenntnis bestreiten, dennoch empirische Daten zur Untermauerung des konstruktivistischen Modells hinzuziehen.[186] Diesen Vorwurf haben die Radikalen Konstruktivist*innen mehrfach zu entkräften versucht. Ernst von Glasersfeld, einer der Begründer*innen des Konstruktivismus, weist darauf hin, „daß experimentelle Resultate, so kompatibel sie auch mit dem konstruktivistischen Modell sein mögen, nichts zur ‚Wahrheit' des Modells beitragen können" – dennoch sei „es stets eine Ermutigung, wenn empirische Ergebnisse zu den konstruierten Modellen passen"[187]. Die Legitimation von Aussagen innerhalb der eigenen Erfahrungswelt wird im Radikalen Konstruktivismus nicht abgelehnt, denn diese können zwar nie bewiesen werden, aber dennoch einleuchtend sein und die Erfahrungswirklichkeit besser verständlich machen.[188]

Die Radikalen Konstruktivist*innen führen die neutrale neuronale Codierung des Nervensystems als Bestätigung dafür an, dass die Wahrnehmung nicht abbil-

---

[181] Vgl. Schmidt, Siegfried J.: Vorbemerkung. In: Schmidt, Siegfried J. (Hrsg.): Der Diskurs des Radikalen Konstruktivismus. Frankfurt a. M. 1987, S. 7-9, hier S. 7.
[182] Vgl. Roth (1996), Das Gehirn und seine Wirklichkeit, a.a.O., S. 321; vgl. Glasersfeld (1998), Radikaler Konstruktivismus, a.a.O., S. 43.
[183] Ebd., S. 50. Hervorhebung im Original.
[184] Vgl. Schmidt (1987), Vorbemerkung, a.a.O., S. 8.; vgl. auch Schmidt (1987), Der Radikale Konstruktivismus: Ein neues Paradigma im interdisziplinären Diskurs, a.a.O., S. 76.
[185] Dettmann, Ulf: Der Radikale Konstruktivismus. Anspruch und Wirklichkeit einer Theorie. Tübingen 1999, S. 10.
[186] Vgl. ebd., S. 5.
[187] Glasersfeld (1998), Radikaler Konstruktivismus, a.a.O., S. 191.
[188] Vgl. Roth (1992), Das konstruktive Gehirn, a.a.O., S. 323; vgl. auch Roth (1996), Das Gehirn und seine Wirklichkeit, a.a.O., S. 321.

dend sein kann. Aus der Tatsache, dass jeder Umweltreiz in ein elektrisches Signal umgewandelt wird, das dann keine Merkmale seiner beispielsweise visuellen oder auditiven Herkunft mehr enthält, folgern sie, dass es keinen direkten Zusammenhang zwischen den Umweltreizen und Wahrnehmungsinhalten geben kann.[189]

Genauso wie die Wahrnehmung beim Gestaltsehen nach bestimmten Prinzipien vorgeht, benutzen auch Filme oftmals Methoden, die den Gestaltprinzipien ähneln, wenn sie sich die Erwartungshaltung der Zuschauer*innen zunutze machen. Diese beruhen unter anderem auf den Konventionen eines Genres, mit denen das Publikum vertraut ist und die dadurch den Filmemacher*innen ermöglichen, mit Andeutungen oder analog mit Ausschnitten einer guten Gestalt zu arbeiten. Da wir immer alles durch die „'Brille' unseres Gedächtnisses"[190] wahrnehmen, kann man mutmaßen, dass auch bei der Betrachtung eines Films durch die Kenntnis von Genrekonventionen bestimmte synaptische Verbände im Gehirn aktiviert werden. Auch wenn normalerweise alle Filme die Zeit verkürzt darstellen, ermöglicht das Genre das „elliptische[…] Erzählen"[191] auf besondere Weise. Lücken werden dabei mit Konstrukten der Zuschauer*innen aufgefüllt, die sich aus deren Erwartungen und dem Vorwissen über das Genre ergeben. Genauso wie bei der Wahrnehmung Täuschungen selten unter normalen Bedingungen, ergo im alltäglichen Umfeld, vorkommen,[192] werden die Erwartungen des Publikums erfüllt, solange ein Film in seiner ‚normalen Umgebung', also beispielsweise innerhalb der Konventionen des Genres, bleibt. Wenn der Film nun absichtlich mit dem Regelwerk bricht bzw. es auf manipulative Weise benutzt, kann es zu Täuschungen und – durch die Filmemacher*innen intendierten – Fehlinterpretationen kommen.

Laut der Radikalen Konstruktivist*innen ist das Gehirn bzw. das Nervensystem kein offenes, das heißt alle Informationen direkt empfangendes System, sondern ein geschlossenes, auf sich selbst bezogenes, das auch aus diesem Grund keinen

---

[189] Vgl. Roth (1992), Das konstruktive Gehirn, a.a.O., S. 290.
[190] Ebd., S. 317.
[191] Schweinitz, Jörg: Genre. In: Koebner, Thomas (Hrsg.): Reclams Sachlexikon des Films. Stuttgart 2002, S. 244-246, hier S. 245.
[192] Vgl. Schumacher, Ralph: Das Gehirn und seine Welt. Wahrnehmen und Erkennen als Konstruktionsprozesse. SWR2 Manuskript der Sendung vom 6.6.2004 um 8.30 Uhr. http://www.swr.de/swr2/programm/sendungen/wissen/-/id=660374/nid=660374/did=1632754/1xlucq5/index.html. Zugriff am 26.10.2008.

objektiven Zugang zur Realität bieten kann.[193] Die „informationelle Geschlossenheit lebender Systeme" ist die Verbindung zwischen der naturwissenschaftlichen und der philosophischen Ausrichtung des Radikalen Konstruktivismus, also die „Schnittstelle zwischen der biologischen Theorie der Autopoiese und der erkenntnistheoretischen Theorie des Radikalen Konstruktivismus"[194]. Das selbstreferenzielle Gehirn ist deshalb aber nicht von der Welt isoliert, sondern kann durchaus von Umweltreizen beeinflusst werden, da es sonst nicht überlebensfähig wäre.[195] Es ist allerdings unklar, welcher Art diese Beziehung zwischen externen Signalen und ihrer Wirkung im Gehirn ist.[196] Die Stabilität der Erfahrungswirklichkeit scheint ein Hinweis auf ein „Minimum an Korrespondenz" zu sein, welche „etwa der Korrespondenz der Sprache mit der Lebenswelt [entspricht]"[197]. Genauso wie die Sprache dem Menschen ein nützliches und funktionierendes Instrument ist, um die Welt zu beschreiben und über sie zu kommunizieren, ohne dabei abbildend zu sein, verhält es sich auch mit der Wahrnehmung. Die Richtigkeit seiner Wahrnehmungskonstruktionen kann das Gehirn immer nur intern anhand von selbst aufgestellten Wirklichkeitskriterien überprüfen, zum Beispiel durch Benutzung anderer Sinnesorgane oder durch einen Abgleich auf Konsistenz mit früheren Erfahrungen.[198] Nach dem peruanischen Biologen und Konstruktivisten Humberto Maturana, besitzt ein geschlossenes Nervensystem keine Möglichkeit Signale, die von außen – also aus der Umwelt – kommen, von inneren Reizen zu trennen und es kann deshalb „keinen Unterschied zwischen Illusionen, Halluzinationen oder Wahrnehmungen geben"[199]. „Falls es Normalsein und Irresein gibt, wie soll man beide unterscheiden?"[200] fragte sich auch David Rosenhan in seinem Essay „Gesund in kranker Umge-

---

[193] Vgl. Maturana, Humberto R.: Erkennen: Die Organisation und Verkörperung von Wirklichkeit. Ausgewählte Arbeiten zur biologischen Epistemologie. Braunschweig / Wiesbaden ²1985, S. 264.

[194] Dettmann (1999), Der Radikale Konstruktivismus, a.a.O., S. 5. Hervorhebung MK; Autopoiese bedeutet Selbsterzeugung, vgl. dazu Maturana, Humberto R.; Varela, Francisco J.: Der Baum der Erkenntnis. Wie wir die Welt durch unsere Wahrnehmung erschaffen – die biologischen Wurzeln des menschlichen Erkennens. Bern / München / Wien ³1987, S. 50f.

[195] Vgl. Roth (1987), Erkenntnis und Realität, a.a.O., S. 241-243.

[196] Vgl. Roth (1992), Das konstruktive Gehirn, a.a.O., S. 319.

[197] Ebd., S. 324.

[198] Vgl. Roth (1987), Erkenntnis und Realität, a.a.O., S. 235; vgl. Roth (1996), Das Gehirn und seine Wirklichkeit, a.a.O., S. 19 und S. 249; vgl. Roth (1992), Das konstruktive Gehirn, a.a.O., S. 279.

[199] Maturana (1985), Erkennen, a.a.O., S. 255.

[200] Rosenhan (1988), Gesund in kranker Umgebung, a.a.O., S. 111.

bung" in einem Sammelband zum Radikalen Konstruktivismus. Er ließ in einem Experiment gesunde Proband*innen in psychiatrische Anstalten ‚einschmuggeln'. Sie gaben an, Stimmen gehört zu haben, verfälschten aber ansonsten keinerlei Fakten ihrer Lebensumstände und verhielten sich nach ihrer Einweisung völlig ‚normal'. Weder Ärzt*innen noch Klinikpersonal bemerkten, dass die angeblichen Patient*innen gar nicht wie diagnostiziert schizophren waren, nur manchen Kranken kam ihr Verhalten verdächtig vor.[201]

Mit seinem Experiment zeigte Rosenhan nicht nur, wie uneindeutig die Grenzen zwischen ‚normal' und psychisch krank sind, sondern auch wie eine einmal gestellte Diagnose die Wirklichkeitswahrnehmung bestimmt und wie die psychiatrische Klinik „eine besondere Wirklichkeit [erschafft] in der die Bedeutung von Verhaltensweisen leicht mißverstanden wird"[202]. Ein vergleichbarer Mechanismus tritt ebenso bei Filmen auf, die einem Genre zuzurechnen sind. Durch den Einsatz bestimmter Konventionen erschaffen sie eine Wirklichkeit, innerhalb derer die Zuschauer*innen den Vorkommnissen im Film eine besondere Bedeutung zuschreiben. Nicht zu vergessen ist auch, in welch hohem Maß die Unterscheidung von normal und psychisch krank kulturabhängig ist: „So kann einem zum Beispiel in Indien jemand als Heiliger (als *swami*) vorgestellt werden, auf den im Westen die Diagnose einer katatonen Schizophrenie zuträfe"[203]. Diese kulturellen Einflüsse wiederum spielen auch bei der Interpretation von Filmen eine Rolle.

Das Herstellen kausaler Bezüge ist in hohem Maße konstruktivistisch. Von einem Kausalzusammenhang spricht man, wenn ein Ereignis B als Wirkung eines Ereignisses A angesehen wird. Die Ursache muss dabei zeitlich vor der Wirkung liegen.[204] Das Erkennen von Kausalität ist ein aktiver Vorgang, bei dem einzelne Komponenten miteinander verbunden und in einen Zusammenhang gebracht werden.[205] Auf dem gleichen Prinzip basiert auch die Montage beim Film. Einzelne, voneinander unabhängige und durch einen Schnitt getrennte Einstellungen erhalten hierbei ihre Bedeutung durch eine Verknüpfung im zeitli-

---

[201] Vgl. ebd., S. 112-123.
[202] Ebd., S. 134.
[203] Watzlawick, Paul: Wie wirklich ist die Wirklichkeit? St. Gallen 1988, S. 4. Hervorhebung im Original.
[204] Eine Ausnahme bilden selbsterfüllende Prophezeiungen. Zu selbsterfüllenden Prophezeiungen vgl. Watzlawick, Paul: Selbsterfüllende Prophezeiungen. In: Watzlawick, Paul (Hrsg.): Die erfundene Wirklichkeit. Wie wissen wir, was wir zu wissen glauben? Beiträge zum Konstruktivismus. München ^{5}1988, S. 91-110.
[205] Vgl. Glasersfeld (1988), Einführung in den radikalen Konstruktivismus, a.a.O., S. 29.

chen Nacheinander. Diese Bedeutungszuweisung kann kausaler, aber auch anderer Art sein. Beim „kausale[n] Lernen"[206] beobachtet man wiederholt eine Koinzidenz und geht in Folge von einer kausalen Beziehung zwischen Ereignis A (Ursache) und Ereignis B (Wirkung) aus. Dabei muss man sich jedoch vor Augen halten, dass ein kausaler Zusammenhang grundsätzlich nicht bestimmbar ist, da es nie nur eine mögliche Ursache gibt, sondern immer mehrere, die theoretisch auch hätten verantwortlich sein können.[207] Deswegen kann man immer nur einen zeitlichen Zusammenhang (wenn A, dann B) zwischen zwei Ereignissen feststellen, jedoch nie einen kausalen (weil A, geschieht B).[208] Allerdings ist die „Erwartung, daß Koinzidenzen wahrscheinlich nicht zufälliger Natur sein werden" so tief im Menschen verwurzelt, „daß wir fast in jeder Koinzidenz einen direkten Zusammenhang vermuten"[209]. Wenn man irrtümlich einen Kausalzusammenhang zwischen Ereignis A und Ereignis B herstellt, spricht man von einer „Kausalillusion"[210]. Oft bestimmt die einer Beobachtung implizit zugrunde liegende Kausaltheorie, was man als Ursache wahrnimmt. Dabei werden unpassende Ursachen nicht beachtet und stattdessen wird auf theoriekonforme Scheinursachen zurückgegriffen.[211] Besonders auffällige Ereignisse werden mit höherer Wahrscheinlichkeit als Ursachen angesehen.[212] Diesen Umstand machen sich Filme zunutze, wenn sie zum Beispiel durch Bildkomposition oder Farbgestaltung bestimmte Dinge hervorheben und damit den Blick der Zuschauer*in lenken. Grundsätzlich ist allerdings alles, was im Film gezeigt wird, als bedeutungsvoll anzusehen und wird deshalb mit erhöhter Bereitschaft auch kausal miteinander verknüpft.

Ein Beispiel für Sinnzusprechungen kausaler Art findet sich in dem Film 5x2 von François Ozon. Der Film erzählt eine Liebesgeschichte in fünf Akten, die in

---

[206] Macho, Siegfried: Wahrnehmung von Kausalzusammenhängen. In: Kersten, Bernd (Hrsg.): Praxisfelder der Wahrnehmungspsychologie. Bern 2005, S. 33-51, hier S. 40. Hervorhebung des Originals entfernt.
[207] Vgl. ebd. S. 34.
[208] Vgl. Riedl, Rupert: Die Folgen des Ursachendenkens. In: Watzlawick, Paul: Die erfundene Wirklichkeit. Wie wissen wir, was wir zu wissen glauben? Beiträge zum Konstruktivismus. München ⁵1988, S. 67-90, hier S. 70; vgl. auch Hume, David: Eine Untersuchung über den menschlichen Verstand. Stuttgart 1967, S. 85f.
[209] Riedl (1988), Die Folgen des Ursachendenkens, a.a.O., S. 73.
[210] Macho (2005), Wahrnehmung von Kausalzusammenhängen, a.a.O., S. 34. Hervorhebung des Originals entfernt.
[211] Vgl. ebd., S. 49.
[212] Vgl. Plous, Scott. The psychology of judgment and decision making. New York 1993, zitiert nach Macho (2005), Wahrnehmung von Kausalzusammenhängen, a.a.O., S. 41.

umgekehrter Reihenfolge der Ereignisse montiert sind, beginnt also bei der Scheidung und endet mit dem Kennenlernen. Bereits wissend was geschehen wird, weist die Zuschauer*in dem Verhalten der Figuren voraussichtlich vermehrt Ursachencharakter für Ereignisse zu, die eigentlich chronologisch folgen würden, aber im Film durch den umgekehrten Zeitpfeil bereits gezeigt worden sind. Die Bedeutungszuweisung und Herstellung von kausalen Zusammenhängen seitens der Zuschauer*in bietet den Filmemacher*innen auch Raum für Manipulation.

Ein Grund für die kausale bzw. ursächliche Denkweise und Wirklichkeitsauffassung der Menschen liegt darin, dass sie sich vielfach bewährt hat und eine Überlebenshilfe darstellt.[213] Außerdem ermöglicht sie den Menschen auf Dinge, die sie nicht fassen können und die dadurch beängstigend erscheinen, aktiv zu reagieren. Die geistige Unterwerfung der Welt unter kausale Regeln wird dabei unbewusst zur Maximierung der Kontrolle und Sicherheit genutzt. Laut des österreichischen Biologen und Erkenntnistheoretikers Rupert Riedl vermutete Kant, dessen Lehre auch konstruktivistische Ansätze enthält, dass der Glaube an kausale Zusammenhänge eine Voraussetzung für vernünftiges Denken sei. Riedl sieht dies in Kants Werken „Kritik der reinen Vernunft" und „Kritik der Urteilskraft" bestätigt.[214] Geht man aber davon aus, dass kausale Zusammenhänge generell nicht feststellbar sind, dann könnte Kausalität vielleicht nur ein Bedürfnis des Menschen sein, eine „irrige Erwartung der Seele"[215], ein „Teil der Ordnung, die die Vernunft der Erfahrung aufzwängt, um sie verständlich zu machen"[216]. Oder sie ist, um mit den Worten der Konstruktivist*innen zu sprechen, eine Konstruktion des Menschen, um besser mit der Wirklichkeit umgehen zu können.

Wenn die wahrgenommene Wirklichkeit nur ein Konstrukt des Gehirns ist, drängt sich die Frage auf, mit welcher Wirklichkeitsebene man es bei der Beschäftigung mit fiktionalen Texten – literarischen wie auch filmischen – zu tun hat. Hier findet man eine konstruierte Wirklichkeit in der konstruierten Wirklichkeit oder mit Edgar Allan Poes Worten, die in PICNIC AT HANGING ROCK (Weir 1975) zitiert werden: „All that we see or seem / Is but a dream within a dream". Zwar ist man sich bei fiktionalen Texten des Konstrukthaften eher be-

---

[213] Vgl. Riedl (1988), Die Folgen des Ursachendenkens, a.a.O., S. 76.
[214] Vgl. ebd., S. 70.
[215] Ebd.
[216] Glasersfeld (1998), Radikaler Konstruktivismus, a.a.O., S. 83.

wusst als bei der Wahrnehmung der außerfilmischen Realität, dies kann aber während der Rezeption des Romans oder Spielfilms von der Zuschauer*in ausgeblendet werden. So wie einem die Wirklichkeit unmittelbar erscheint, obwohl sie es nicht ist, sind auch die meisten Filme derart konzipiert, dass man, obwohl man um ihren fiktionalen Charakter weiß, dennoch emotional in die Geschichte hineingezogen wird und ihre Fiktionalität zumindest zeitweise vergisst.[217] Allerdings existieren auch Filme, die selbstreferenziell ihren Konstruktionscharakter betonen. Von Beginn der Filmgeschichte an gab es experimentelle Filme der Avantgarde, die diesen Versuch unternommen haben. Ein Beispiel ist UN CHIEN ANDALOU von Louis Buñuel (1929), der auch symbolisch mit dem Schnitt durch ein Kuhauge mit den Sehgewohnheiten des Publikums brechen will. Die in Kapitel 2.2 beschriebenen Erzählexperimente kann man als einen Vorstoß des Mainstream-Kinos sehen, dieser Tradition zu folgen. Viele der Erzählexperimente sind selbstreferenziell und enthalten metafilmische Elemente. Breuers Bemerkung über Literatur trifft in diesem Fall auch auf Filme zu:

> Da es sich bei fiktionalen Texten um erfundene Wirklichkeit handelt, um Konstruktionen, nicht um Sach- oder Gebrauchstexte, die sich auf Realität außerhalb ihrer selbst beziehen, muß naturgemäß die *Konstruktion* zumindest genauso interessieren wie die scheinbar beschriebene *Wirklichkeit*.[218]

Folglich beschäftigt sich Metaliteratur und analog dazu der Metafilm „vor allem mit sich selbst […] [reflektiert] die Bedingungen der Möglichkeit ihrer eigenen Niederschrift" und „[stellt] die Grundlagen des fiktionalen Vertrags zwischen Werk und Leser*in in Frage"[219]. Filme wie SWIMMING POOL (Ozon 2003) oder RECONSTRUCTION (Boe 2003) spiegeln das aktuelle Interesse von Filmemacher*innen an einer Verknüpfung der verschiedenen Wirklichkeitsebenen wider, indem sie eine Schriftsteller*in zur Protagonist*in machen und die fiktionale Wirklichkeit, die Wirklichkeit des Romans und die Fantasiewelt der Figur der Schriftsteller*in ohne deutliche Trennung ineinander verschachteln. Nach Breuer ist das Aufkommen von rückbezüglicher bzw. selbstreferenzieller Literatur in der Moderne zurückzuführen auf den „Verlust des Glaubens, daß es eine objektive

---

[217] Die meisten Mainstream-Filme sind auch durch die Anwendung von Mechanismen wie zum Beispiel dem unsichtbaren Schnitt darauf ausgerichtet diesen Effekt zu erzielen.
[218] Breuer, Rolf: Rückbezüglichkeit in der Literatur: Am Beispiel der Romantrilogie von Samuel Beckett. In: Watzlawick, Paul (Hrsg.): Die erfundene Wirklichkeit. Wie wissen wir, was wir zu wissen glauben? Beiträge zum Konstruktivismus. München [5]1988, S. 138-158, hier S. 153. Hervorhebung im Original.
[219] Ebd., S. 139.

und uns objektiv zugängliche Realität gebe"[220]. Aufgrund dieses Wissens verabschiedeten sich viele Schriftsteller*innen von der traditionellen Beschreibung einer erfundenen ‚realen' Wirklichkeit und stellten die Probleme der Wirklichkeitsauffassung selbst in den Vordergrund.[221] Man kann rückbezügliche Literatur und Filme somit als Ausdruck des Verlustes des Glaubens an die *eine* objektiv wahrnehmbare Wirklichkeit deuten. Das trifft insbesondere auf den Variantenfilm zu, der einerseits durch seine Struktur oft radikal auf die Künstlichkeit des Mediums Film verweist (ereignisbasierter Variantenfilm) und andererseits in den perspektivenbasierten Filmen zeigt, dass jede Person eine andere Vorstellung der Wirklichkeit hat, was auch auf die jeweils individuelle Konstruktion dieser Wirklichkeit zurückzuführen ist. Und so wie Variantenfilme durch ihre episodische Form von der Idee eines einzigen Zentrums abrücken, will auch der Radikale Konstruktivismus „durch Dezentralisierung und Pluralisierung die ‚Krise der Moderne' [...] entschärfen"[222]. Gleichzeitig wird einem die Fragilität der Wahrnehmung vor Augen geführt, denn sowohl der perspektivenbasierte Variantenfilm als auch der Radikale Konstruktivismus zeigen, dass „die Idee der Zuverlässigkeit, die eigentlich ungeheuerliche Fiktion"[223] ist.

3.5 Konstruktivistische Tendenzen in À LA FOLIE... PAS DU TOUT

Im Folgenden soll À LA FOLIE im Hinblick auf den Radikalen Konstruktivismus analysiert werden. Ziel dabei ist die Überprüfung der These, dass der Film mit dem radikalkonstruktivistischen Ansätzen spielt und die konstruktivistischen Ideen durch seine Episoden- und Erzählstruktur sowie kinematografische Mittel der Gestaltung transportiert. Zunächst werden übergeordnete Kategorien wie Struktur, Genre, Konstruktion des filmischen Raums, Filmwirklichkeit, Kausalitätsverwendung und die Rolle des Konsenses bei der Unterscheidung von psychisch Kranken und gesunden Personen untersucht. Diese Kriterien beziehen sich auf den Film als Ganzes (Makroebene). Danach werden diejenigen Kategorien betrachtet, die sich aus den filmischen Gestaltungsmitteln ergeben und deshalb an konkreten Filmbeispielen belegt werden können (Mikroebene). Dies ist zum einen die Unzuverlässigkeit, die sich auf der Ebene der Montage, der Kamera und der Figuren manifestiert und zum anderen sind es besonders relevante

---

[220] Ebd., S. 155.
[221] Vgl. ebd.
[222] Dettmann (1999), Der Radikale Konstruktivismus, a.a.O., S. 13.
[223] Koebner (2005), „Unzuverlässiges Erzählen", a.a.O., S. 21.

Motive der Bildgestaltung und Ausstattung wie innere Rahmungen, Türen und Zäune.

In seiner Struktur ist À LA FOLIE ein dreiteiliger perspektivenbasierter Variantenfilm. In der ersten Episode wird die Kunststudentin Angélique fokalisiert, die eine Affäre mit dem verheirateten Arzt Loïc hat. Die zweite Episode setzt wieder zu Beginn des ersten Teils ein und erzählt die gleiche Geschichte noch einmal mit Fokalisierung von Loïc, doch dieses Mal entpuppt sich der scheinbar neutrale erste Teil als verzerrte Wahrnehmung von Angélique, die an Liebeswahn erkrankt ist und sich die Beziehung zu Loïc nur eingebildet hat. Die beiden Durchgänge nehmen die gleiche Zeitspanne in der erzählten Zeit des Films ein, wobei in der Erzählzeit der zweite circa zehn Minuten kürzer ist. Die dritte Episode setzt dort ein, wo die beiden vorherigen Versionen aufgehört haben und zeigt durch wechselseitige Fokalisierung bzw. eine mit der auktorialen Erzähler*in in der Literatur vergleichbare neutrale Erzählhaltung die chronologisch folgenden Ereignisse. Grafisch lässt sich die Struktur des Films folgendermaßen darstellen:

Abbildung 4: Struktur À LA FOLIE „Episoden"

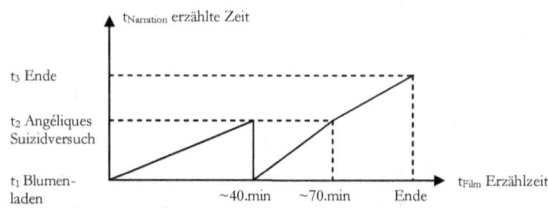

Abbildung 5: Struktur À LA FOLIE „Zeit"

Der filmische Raum kann als doppeltes Konstrukt betrachtet werden. Zum einen konstruieren die Zuschauer*innen aus den ihnen präsentierten Teilansichten einen Raum. Zum anderen ist dieser eine Erfindung der Filmemacher*innen, die bei ihrer Kreation auch bereits die möglichen Rekonstruktionen durch das Publikum bedenken. Das Filmbild ist durch den Bildrand begrenzt. In Bezug auf das Filmbild und seine Grenzen spricht man vom Rahmen bzw. vom Cadre oder Cache. Laut André Bazin, einem Filmkritiker und –theoretiker, deuten diese beiden französischen Ausdrücke dabei auf zwei unterschiedliche Vorstellungen der Bildbegrenzung hin. Der Cadre bewirkt – wie ein Rahmen – die Isolation des Dargestellten, indem er einem Rahmen gleich den Blick ins Innere des Bildes lenkt und die Filmwelt somit als abgeschlossenen Kosmos zeigt. Der Cache fungiert als Maske, die auf die Realität außerhalb des gezeigten Filmbildes Bezug nimmt und kann somit als „'Fenster zur Welt'"[224] angesehen werden, welches eine gewisse Zufälligkeit vermittelt und damit auf eine konsistente und kontinuierlich jenseits der Bildgrenzen weitergehende Welt verweist.[225] Nach Bazin ist der Cache dem Wesen der Leinwand angemessener.[226]

Die Bedeutung des Begriffs Cache scheint auch für den Film À LA FOLIE zutreffender zu sein, da durch den zweiten Durchlauf vor allem auf eine umfassendere Welt, von der die Zuschauer*in nur einen Ausschnitt wahrgenommen hat bzw. wahrnehmen kann, verwiesen wird. Durch die Wiederholung der ersten Episode kann man À LA FOLIE im Hinblick auf die dargestellte Filmwelt wiederum auf zwei unterschiedliche Weisen lesen. Die erste Möglichkeit besteht darin, dass im ersten Durchlauf ein Ausschnitt der Filmwirklichkeit gezeigt wird und im zweiten ein anderer. Die beiden Episoden weisen etliche Überschneidungen auf, aber auch viele Unterschiede. Sie stehen gleichberechtigt als zwei individuelle Wirklichkeiten nebeneinander, die sich auf eine Filmwelt beziehen, die – analog zur Realität – nicht direkt zugänglich ist. Unter Vernachlässigung der dritten Episode – wegen deren Bezug auf eine andere, chronologisch folgende Zeitspanne –, ergibt sich damit folgende Darstellung für die erste Variante:

---

[224] Hickethier, Knut: Film- und Fernsehanalyse. Stuttgart / Weimar ³2001, S. 50.
[225] Vgl. Bazin, André: Qu'est-ce que le cinéma? Paris 1990, S. 188; vgl. Winkler, Hartmut: Cadrage. In: Koebner, Thomas (Hrsg.): Reclams Sachlexikon des Films. Stuttgart 2002, S. 88-89, hier S. 88; vgl. auch Beyerle, Monika: Authentisierungsstrategien im Dokumentarfilm: Das amerikanische Direct Cinema der 60er Jahre. Trier 1997, S. 113f.
[226] „Les limites de l'écran ne sont pas, comme le vocabulaire technique le laisserait parfois entendre, le cadre de l'image, mais un *caché*". Bazin (1990), Qu'est-ce que le cinéma?, a.a.O., S. 188. Hervorhebung im Original.

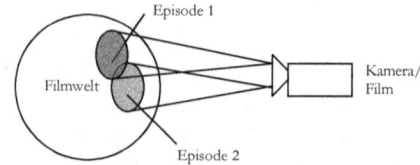

Abbildung 6: Filmwirklichkeit Variante 1 À LA FOLIE

Die zweite Möglichkeit ist, die erste Episode als einen Ausschnitt aus der gesamten Filmwirklichkeit zu sehen. Die zweite Episode erweitert den Blick auf diese und schließt den ersten Durchlauf mit ein. Durch diese Ergänzung wird die Lückenhaftigkeit und das damit verbundene Fehlerpotenzial der ersten Episode aufgezeigt.

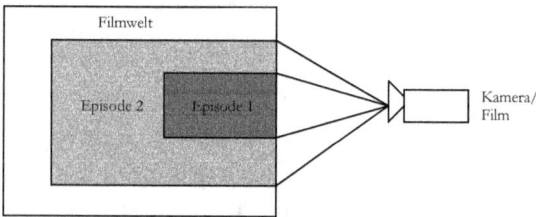

Abbildung 7: Filmwirklichkeit Variante 2 À LA FOLIE

Beide Varianten sind zumindest teilweise mit dem Radikalen Konstruktivismus vereinbar. Zunächst scheint die erste Lesart kompatibler, da hier die Idee der individuellen Wirklichkeit betont wird. Angéliques Wirklichkeit existiert gleichberechtigt neben der von Loïc, Objektivität gibt es nicht. In der zweiten Variante hingegen wird durch die Erweiterung der ersten Episode deren Darstellung korrigiert und die Dinge werden miteinander in eine Richtig-Falsch-Relation gesetzt. Der Zuschauer*in wird durch die annähernd neutrale und nicht emotional oder pathologisch eingefärbte Sichtweise Loïcs der objektive Zugang zur Filmwelt ermöglicht. Hat die Zuschauer*in schon am Ende des ersten Durchlaufs geahnt, dass Angélique verrückt sein muss oder zumindest von Loïc in die Verzweiflung getrieben wurde – sie tötet eine Patientin Loïcs – so wird diese Vermutung in der zweiten Episode nach und nach bestätigt. Auch wenn beide Sichtweisen durch die Fokalisierung bis zu einem gewissen Grad subjektiv verzerrt sind, wirkt Angéliques Welt stärker durch Emotionen beeinflusst und Kamerabewegung sowie Farbgestaltung lassen die zweite Episode rationaler erscheinen. Im ersten Durchlauf ist die Kamera ständig in Bewegung und warme Rottöne herrschen vor (vgl. Screenshots 3), im zweiten wird Loïcs Welt durch vornehmlich statische Einstellungen und kalte Blautöne wiedergegeben (vgl. Screenshots 4). Trotz der berichtigenden Funktion von Loïcs Episode ist auch die zweite Variante mit dem Radikalen Konstruktivismus in Einklang zu bringen, nämlich dann, wenn man die Möglichkeit in Betracht zieht, den Film noch um weitere Durchläufe zu ergänzen. Bereits die Andeutung eines dritten, den Blick der Zuschauer*in erneut verändernden Durchlaufs würde ausreichen, um das zuvor Gesehene wiederum zu entkräften.

Screenshots 3: Warme Rottöne herrschen in Episode 1 von À LA FOLIE vor (2'20, 12'28)

Screenshots 4: Kalte Blautöne herrschen in Episode 2 von À LA FOLIE vor (40'18, 1'03'50)

Auch bei der Rezeption der beiden Episoden muss der Faktor Konstruktion mitbeachtet werden. Dann ergibt sich für die erste Variante: Aus der ersten Episode konstruiert das Publikum eine konsistente Filmwelt, aus der zweiten ebenso, die dann gewisse Überschneidungen und Differenzen aufzeigen. Bei der zweiten Variante wird aus dem ersten Durchlauf ebenfalls eine konsistente Filmwelt konstruiert, woraufhin die zweite Episode die Fehlstellen der ersten offenbart. Deshalb muss die Zuschauer*in ihre erste Konstruktion modifizieren und gleichzeitig für sich eine neue Filmwelt entwerfen. Die erste Variante scheint indes weniger wahrscheinlich zu sein, da man davon ausgehen kann, dass die Zuschauer*in eine synthetisierende Interpretation vorzieht, bei der es ihr gelingt, die beiden Fassungen in Einklang zu bringen. Dies ist nur bei der zweiten Möglichkeit der Fall, bei der die erste Sicht im Nachhinein als lückenhaft und subjektiv verzerrt betrachtet wird und der zweite Durchlauf deshalb als berichtigender Maßstab dient. Nach Tina Thoene, die sich in einem Essay mit À LA FOLIE beschäftigt hat, besteht kein Zweifel darüber, dass der zweite Teil die Richtigstellung des ersten bildet und Loïcs Blick als nahezu objektive Sichtweise gelten kann.[227] Beide Varianten spiegeln also bis zu einem gewissen Grad die Ideen des Radikalen Konstruktivismus wider, allein schon deswegen, weil sie den Vorgang der Konstruktion auf Seiten der Zuschauer*in enthüllen. Die zweite vorgestellte Version scheint durch den Film eher nahegelegt zu werden, eine Interpretation, die auch durch die dritte Episode belegt wird, welche einen neutralen Blick ermöglicht und die Richtigkeit von Loïcs Sichtweise bestätigt.

Die Exposition des Films evoziert eine romantische Atmosphäre: Rosen in verschiedenen Rottönen, dazwischen der Kopf einer jungen Frau. Sie kauft eine Rose und überredet den Verkäufer charmant, diese an ihren Freund zu verschicken, da sie sich gerade erst kennengelernt hätten. Weitere Symbole für die Liebe werden gezeigt, Gegenstände mit Herzmotiven, herzförmige Lampen und Tonspiele, bevor die Kamera zurückfährt und in einer Herzblende, die Angélique rahmt, der Titel erscheint: „À LA FOLIE... PAS DU TOUT"[228] bzw. „WAHNSINNIG VERLIEBT" in der deutschen Fassung. Kurz darauf bekommt ein Mann, Dr. Loïc Le Garrec, die Rose zugestellt, liest den beiliegenden Brief und freut sich. Der Filmanfang legt nahe, dass es sich bei dem vorliegenden Film um eine romantische Komödie handelt oder einen Liebesfilm, der später in ein Liebesdrama umschlägt. Wie alle Genrefilme zeigt auch die Liebesgeschichte, die laut des Filmwissenschaftlers Knut Hickethier ein eigenes Genre darstellt,[229] „konventionalisierte Welten und symbolische Systeme" und weckt dadurch „entsprechende Erwartungen der Rezipienten"[230]. Die Rollenbesetzung der durch ihre Darbietung in LE FABULEUX DESTIN D'AMÉLIE POULAIN (Jeunet 2001) bekannt gewordenen französischen Schauspielerin Audrey Tatou verstärkt die Erwartung einer sympathischen und vertrauenswürdigen Protagonistin.[231]

---

[227] Vgl. Thoene, Tina: Er liebt mich – er liebt mich nicht. Abweichende Wahrnehmung und erzählerische Irreführungen in Laetitia Colombanis À LA FOLIE ... PAS DU TOUT. In: Helbig, Jörg (Hrsg.): Camera doesn't lie. Tier 2006, S. 73-93, hier S. 90.

[228] Der Titel der französischen Originalversion À LA FOLIE ... PAS DU TOUT bedeutet direkt übersetzt: „Total verliebt... überhaupt nicht" (eigene Übersetzung).

[229] Vgl. Hickethier (2001), Film- und Fernsehanalyse, a.a.O., S. 214.

[230] Schweinitz (2002), Genre, a.a.O., S. 245.

[231] Auf der deutschen Ausgabe der DVD wird auch der Bezug zu DIE FABELHAFTE WELT DER AMÉLIE hergestellt, indem auf dem Cover eine „Amélie auf Abwegen" angekündigt

Durch die zunächst einseitige Darstellung der Beziehung von Angélique und Loïc präsentiert der Film À LA FOLIE dem Publikum nur einen Ausschnitt aus einer Gesamtheit, einen Teil einer Gestalt. Da die Zuschauer*in mit der ‚guten Gestalt' der ‚Beziehung' sowohl aus eigener Erfahrung als auch aus anderen Filmen vertraut ist, ergänzt sie die fehlenden Stücke unbewusst. Das Wissen um die Merkmale des Genres der Liebesgeschichte trägt zur Vertrautheit der Gestalt bei und verstärkt deshalb das Gefühl sie im Dargebotenen zu erkennen. Dadurch gelingt es in À LA FOLIE durch die Ausnutzung der Genrekonventionen zunächst eine falsche bzw. lückenhafte Sichtweise als objektiv zu etablieren, die dann – parallel zur Entwicklung des Films zu einem Psychothriller[232] – mehr und mehr dekonstruiert wird. Die elliptische Erzählweise von Genrefilmen wird durch die kausale Denkweise des Menschen begünstigt. So irrt sich die Zuschauer*in bei vielen Zusammenhängen, die sie zunächst als gegeben vermutet. Aber auch Figuren im Film wenden fälschlicherweise Kausalitätsdenken an wie zum Beispiel Loïc: Dieser geht davon aus, dass der aufgewühlte junge Mann David, der in seine Praxis stürzt, sich wegen der Arzthelferin Anita beschweren will, der er kurz zuvor gekündigt hat.[233] Thoene diagnostiziert neben den falschen kausalen Zusammenhängen, die der Zuschauer*in nahegelegt werden, auch noch räumliche und zeitliche, die ebenfalls zur Erweckung des falschen Eindrucks beitragen.[234]

Die Andersartigkeit ihrer Wirklichkeitswahrnehmung wird von Angélique selbst verbalisiert: „In meinem Kopf gibt es eine Welt, die mit dieser Welt nichts zu tun hat" (1'26'49). Der Einwand der Konstruktivist*innen an dieser Stelle müsste lauten, dass jeder Mensch in seinem Kopf eine Welt hat, die mit dieser Welt, also der Realität, nichts zu tun hat, und dass folglich jede Welt von der eines anderen abweicht. Welche Welt man deshalb als normale Welt betrachtet, kann sich nur durch den Umstand entscheiden, an welche Welt die meisten Menschen glauben. Der Konsens bestimmt demnach, was als ‚normal' angesehen wird: „Die ‚Normalen' [...] bestätigen sich ihre Normalität durch die Übereinstimmung mit der größten Zahl der Mitmenschen"[235]. Da es keine objektiven

---

    wird; das mit Rosenblättern und Herzen verzierte DVD Menü hingegen suggeriert wieder einen emotionalen Liebesfilm.

[232] Vgl. Thoene (2006), Er liebt mich – er liebt mich nicht, a.a.O., S. 88.
[233] David wiederum ist in dem Glauben, mit Loïc über Angélique zu sprechen. Dieses Missverständnis wird auf intradiegetischer Ebene nicht aufgeklärt.
[234] Vgl. Thoene (2006), Er liebt mich – er liebt mich nicht, a.a.O., S. 87.
[235] Roth (1987), Erkenntnis und Realität, a.a.O., S. 245.

Kriterien geben kann, wie man zwischen ‚tatsächlicher' Wahrnehmung – ergo von außen kommenden Signalen – und Halluzinationen, zwischen „Normalsein und Irresein"[236] unterscheidet, ist auch im psychiatrischen Bereich der Konsens unter den Menschen ausschlaggebend für das, was als ‚normal' gilt. Rosenhan folgert aus seinem Experiment, dass „die Verhaltensweisen von Geisteskranken und Normalen stark ineinander [greifen]"[237]. Loïcs Verhalten bestätigt diese Vermutung ebenfalls, da er zeitweise nahezu jede Person – Frauen wie Männer – verdächtigt, seine Verehrerin bzw. sein Verehrer zu sein. Jeder Mensch kann demnach potenziell als verrückt gelten, was sich in Loïcs Bemerkung – „Die war vollkommen verrückt, diese Frau" (1'10'37) – über seine verstorbene Patientin Jasmin Sonia zeigt, die er fälschlicherweise für seine liebeskranke Verehrerin hält.

Trotz der schockierenden Ergebnisse seines Experiments zweifelt Rosenhan nicht an der prinzipiellen Unterscheidbarkeit von psychisch Kranken und gesunden Personen, lediglich an der Eindeutigkeit.[238] Im klinischen Sinn leidet Angélique an Erotomanie bzw. Liebeswahn. Dabei wird meist „ein Partner gesucht […] der der Frau ein Verharren in ihrer naiv-kindlichen, idealisierten z.T. märchenhaft verzauberten Welt gestattet"[239]. Wahn wird definiert als

> krankhaft entstandene Fehlbeurteilung der Realität. An dieser Fehlbeurteilung wird mit absoluter Gewissheit und unkorrigierbar festgehalten, selbst wenn sie im Widerspruch zur Wirklichkeit, zur eigenen Lebenserfahrung und zum Urteil gesunder Mitmenschen steht. So auch beim Liebeswahn.[240]

So kann man Angéliques Vorstellung von der Realität auch dadurch von der Wirklichkeitsempfindung anderer Menschen abgrenzen, dass sie im Widerspruch zur Auffassung der meisten anderen Menschen steht – der der Figuren im Film wie auch der der Zuschauer*innen. Wie bereits festgestellt, ist es der Konsens, der in diesem Fall über die als ‚normal' wahrgenommene Wirklichkeit bestimmt. Dabei darf man nicht vernachlässigen, dass im Radikalen Konstruktivismus eine Bestätigung durch andere Menschen deshalb nicht zur Validation genügt, weil die Wirklichkeiten der anderen Menschen ebenfalls Konstrukte sind. Dennoch

---

[236] Rosenhan (1988), Gesund in kranker Umgebung, a.a.O., S. 111.
[237] Ebd. S. 122.
[238] Vgl. ebd., S. 112.
[239] Erichsen, Freerk: Schizophrenie und Sexualität. Am Beispiel von Perversion, Scham, Eifersuchts- und Liebeswahn. Bern / Stuttgart / Wien 1975, S. 159.
[240] Faust, Volker: Liebeswahn. Psychosoziale Gesundheit. Von Angst bis Zwang. http://www.psychosoziale-gesundheit.net/psychiatrie/liebeswahn.html. Zugriff am 16.08.2015.

verleiht diese Rückbestätigung durch andere der Lebenswelt Stabilität und stellt einen Indikator für die Verlässlichkeit und Glaubwürdigkeit von Personen wie auch von Informationen dar.

Regisseurin Laetitia Colombani verwendet gezielt Strategien des unzuverlässigen Erzählens wie beispielsweise das „underreporting"[241], also das Vorenthalten von Informationen, um den Effekt der Enthüllung der scheinbaren Objektivität im ersten Teil als personengebundene, subjektive Darstellung zu erlangen. Im zweiten Teil hat die Zuschauer*in nicht nur ein größeres Vorwissen, sondern sie kann auch ihre zuvor falsch gezogenen kausalen Schlüsse revidieren. Zugleich wird dem Publikum aber auch die Gefahr aufgezeigt, die von Informationen aus zweiter Hand ausgeht. So erfahren Angéliques Freunde Héloïse und David beispielsweise von der angeblichen Beziehung von Angélique und Loïc nur durch Angélique. Im weitesten Sinne verweist der Film somit auf die Gefahren, die entstehen können, wenn die Menschen durch die zunehmende Globalisierung und Medialisierung der Welt immer weniger selbst erleben und zunehmend viele Dinge nur noch indirekt aus den Medien erfahren.

Auf der Ebene der filmischen Gestaltungsmittel sind es vor allem Kameraführung und Montage, durch die der Film seine eigene Zuverlässigkeit immer wieder in Frage stellt, indem er der Zuschauer*in aufzeigt, dass diese eine konstruierte filmische Wirklichkeit vor Augen hat, die problemlos manipuliert werden kann. So erscheint in Angéliques neuem Zimmer beispielsweise ein Koffer wie aus dem Nichts und auch Angélique steht plötzlich da wie hingezaubert (7'08). Eine ähnliche Situation gibt es mit Loïcs Ehefrau Rachel, die in einer statischen Aufnahme auf dem Sofa sitzt und plötzlich ausgeblendet wird (1'01'56). Zu Beginn des Films, nachdem Angélique und Loïc als glückliches Pärchen eingeführt worden sind, wird eine Einstellung mit zwei verknoteten Fußpaaren gezeigt (10'46). Unweigerlich nimmt man an, dass es sich um Angélique und Loïc handeln müsse. Wenn die Kamera dann jedoch am Bett entlang hochfährt, erkennt man Héloïse mit einer Bekanntschaft. Hier scheint der Film die Zuschauer*in darauf aufmerksam zu machen, dass die Dinge nicht immer so sind, wie sie erscheinen mögen und wie sie präsentiert werden.[242] Die Grenzen der Wahrnehmung zeigt der Film auch, wenn Loïc eines Abends nach Hause kommt und

---

[241] Helbig (2005), Signale erzählerischer Unzuverlässigkeit, a.a.O., S. 135.
[242] Laut Thoene besteht auch die Möglichkeit, dass sich „der erste Eindruck, sie [Angélique und Loïc] doch miteinander im Bett gesehen zu haben, festsetzt." Thoene (2006), Er liebt mich – er liebt mich nicht, a.a.O., S. 85.

Rachel plötzlich das Licht anknipst (52'03). Sie saß die ganze Zeit im Bildvordergrund, war aber durch die Dunkelheit mit dem Mobiliar des Raums verschmolzen. Die Opening Credits des Films sind in ungewöhnlicher Weise montiert: Die Titel bewegen sich im dreidimensionalen Raum, ziehen zwischen den Gegenständen des ‚Herzkitsch'-Ladens durch oder fliegen um sie herum und spiegeln sich auf den Gegenständen. Dieser spielerische Umgang mit der räumlichen Wahrnehmung von Objekten als Teil der Gestaltprinzipien ist ein Hinweis auf das folgende Spiel mit eben diesen.

Auf der Figurenebene finden sich Demonstrationen für die unzuverlässige Wahrnehmung der Protagonistin. In vielen Situationen wird angedeutet und aufgezeigt, dass – auch wenn die menschliche Wahrnehmung allgemein nicht immer zuverlässig funktioniert – man Angéliques Wahrnehmung insbesondere nicht trauen kann. So sieht man gleich zu Beginn des Films, dass das Bild, das Angélique im Kunstunterricht von einem Aktmodell zeichnet, nicht viel mit seiner Vorlage zu tun hat. Dies scheint kein Einzelfall zu sein, denn Angéliques Lehrerin verweist sie darauf, sich doch in Zukunft „wirklich an die Vorgaben [zu] halten" (5'00). Und wenn Angélique der kleinen Schwester von Héloïse eine Gutenachtgeschichte erzählt, spricht sie ihre von der Norm abweichende Wirklichkeitsvorstellung sogar direkt an: Als Kind habe sie sich einen Kater gebastelt, der „für die anderen [...] einfach nur eine Collage [war]. Aber für mich war er ‚Herr Kater'" (16'43). Kurz darauf, wenn Angélique selbst zu Bett geht, hat sie eine Halluzination: Der Kleiderständer in Héloïses Zimmer verwandelt sich plötzlich in ihre Rivalin Rachel. Dies verweist auf die Wirklichkeitswelt, in der sich Angélique befindet und die als nicht besonders zuverlässig erscheint.

Im Folgenden sollen einige Motive der Bildgestaltung und der Ausstattung betrachtet werden, die für den Film eine wichtige Rolle spielen. Wie bereits beschrieben, kann man das Filmbild als gerahmt ansehen. Die Rahmung findet auf mehreren Ebenen statt: auf der (extradiegetischen) Filmebene, auf der der gesamte Film als fiktionales Werk betrachtet wird, auf der Darstellungsebene als dem Vermittlungsmedium (Leinwand oder Fernsehapparat) und auf der (intradiegetischen) Figurenebene. Analog zu den Figuren nimmt auch das Publikum immer nur einen Ausschnitt des Geschehens wahr, was wiederum durch die physischen Grenzen des Darstellungsmediums betont wird. Auch im Film selbst kann es im Bild Rahmen geben, sozusagen Rahmen im Rahmen oder „innere[]

Rahmen"[243]. Bei À LA FOLIE ist das Element des inneren Rahmens ein wiederkehrendes Motiv. Fenster, Spiegel und Zäune werden dabei so in die Bildkomposition integriert, dass sie die Hauptfiguren einfassen und einzusperren scheinen oder den Blick der Zuschauer*in auf Distanz halten. Zu Beginn der ersten Episode sieht man, wie Angélique vor einem Schaufenster des Herzkitsch-Ladens steht. Dies kann als Blick Angéliques in die Herzenswelt bzw. die Welt ihrer Gefühle gedeutet werden. Wenn die Kamera zurückfährt und Angélique in einer herzförmigen Maske eingeschlossen zu sehen ist, erscheint sie als Gefangene ihres Herzens. Ebenfalls in dieser Episode sieht man, wie Angélique in einem Laden steht, um ihren Schlüssel für Loïc nachmachen zu lassen. Loïc läuft zufällig an besagtem Geschäft vorbei und Angélique blickt ihn durch die Schaufensterscheibe an. Dabei sieht man Loïc nur als Reflexion im Fensterglas. Für einen Moment überlagern sich Angélique und Loïcs Spiegelung (14'25). Dies kann als subtiler Hinweis darauf verstanden werden, dass Angélique und Loïc, auch wenn sie zusammen scheinen, in Wirklichkeit doch voneinander getrennt sind. Im ersten Durchlauf wird Angélique gefilmt, wie sie hinter einem hohen Parkzaun steht (25'31). Zunächst filmt die Kamera von oben, begibt sich dann aber bei der Annäherung an Angéliques Gesicht auf deren Augenhöhe, bis nur noch ihr Kopf zwischen zwei Stäben des Zauns zu sehen ist (vgl. Screenshots 5, Bild 1). Angélique erscheint als eingesperrt in ihrer Welt, als gefangen in ihrem Blick und damit gleichsam auch als begrenzt in ihrer Wahrnehmung. Im zweiten Durchlauf liest Loïc einen Brief, den er von Angélique erhalten hat. Seine eigene Stimme gibt den Text des Briefes währenddessen in einer Voice-Over wieder. Dabei sieht man ihn im Krankenhaus hinter einem Fenster mit Fensterkreuz stehen (53'57), das den Rahmen nochmals doppelt und verengt und die Bedrängung von außen visuell verdeutlicht (vgl. Screenshots 5, Bild 2). Die Kamera bewegt sich auf ihn zu und fährt bedrohlich über seinen Nacken. Loïc erscheint hier als Gefangener seines engen Terminplans („Die Kollegen warten, Doktor!" 54'11), seiner Arztwelt und damit auch seiner rationalen Denkweise. Wenn die letzten Sätze der Voice-Over auch von Angéliques Stimme mitgesprochen werden, wirkt er bedrängt durch die Botschaften seiner Verehrerin, die aus dem Nichts zu kommen scheinen und von ihm rational nicht zu fassen sind. Innere Rahmungen werden in À LA FOLIE demnach als Symbol verwendet für das Eingesperrt-Sein in den eigenen Blick, die eigene Welt, die eigene Wirklichkeit.

---

[243] Hickethier (2001), Film- und Fernsehanalyse, a.a.O., S. 47. Hervorhebung des Originals entfernt.

 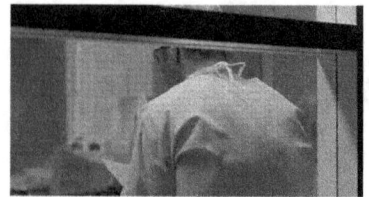

Screenshots 5: Rahmungen in À LA FOLIE (25'44, 54'00)

Ein weiteres, sehr häufig vorkommendes Motiv sind Türen, vor allem Türen, die geschlossen werden. Eine Tür schließt sich immer hinter etwas, grenzt etwas aus, meist einen abgeschlossenen Raum. Eine der ersten der vielen Türen im Film, die sich schließen, ist die Praxistür von Loïc (3'42). Dies kann man auf zwei Weisen deuten: Zum einen schließt sich damit die Tür zu ‚Loïcs Reich', zu seiner Welt der rationalen Wissenschaft, wie die Aufschrift auf dem Schild, das an der Tür angebracht ist, vermerkt: „Dr Le Garrec Cardiologue". Zum anderen aber kann man dieses ‚Türe-Schließen' auch auf die Zuschauer*in übertragen. Es verweist auf deren unbewusste Festlegung darauf, dass Angélique und Loïc eine Beziehung miteinander haben. Hinter diesem ‚Vor-Urteil' schließt sich gleichsam eine Tür, wenn man die Freude Loïcs, der gerade die Rose und den Brief von Angélique bekommen hat, als Bestätigung der zu diesem Zeitpunkt ohnehin nicht angezweifelten Liebesbeziehung der beiden interpretiert. Diese Annahme wird im Folgenden die Wahrnehmung des Publikums bestimmen. Das Verhalten der Zuschauer*innen ähnelt dabei dem der Ärzt*innen in Rosenhans Experiment, die, nachdem eine Person als psychisch krank gekennzeichnet ist, „viele der normalen Verhaltensweisen der Scheinpatienten völlig übersehen und gründlich fehlinterpretier[en] [...], damit sie in die ein für allemal zurechtgelegte Wirklichkeit passen"[244]. Diese bereits im Zusammenhang mit der Konstruktivität der Kausalität besprochene Tendenz, theoriekonforme Scheinursachen zu benutzen, findet sich wiederum bei Loïc, wenn er nach dem Streit mit Angéliques Kamerad David in seiner Praxis davon ausgeht, dass der Eindringling der Freund der gerade von ihm gefeuerten Arzthelferin Anita ist. Wieder schließt sich in der Szene in der zweiten Episode analog zu der von Loïc hinter dem wütenden David geschlossenen Behandlungstür auch ein Vorhang hinter diesem einmal gefällten ‚Vor-Urteil' (1'06'05).

Das Motiv des Zaunes findet sich nicht nur als Rahmung, wie in der oben beschriebenen Szene, sondern auch im Zusammenhang mit den verschiedenen

---

[244] Rosenhan (1988), Gesund in kranker Umgebung, a.a.O., S. 119.

Welten der Figuren. Dabei sind die Welten zum einen als die Wirklichkeiten anzusehen, die, weil sie immer nur personengebunden auftreten können bzw. immer von Personen konstruiert werden, einzigartig und niemandem sonst zugänglich sind. Zum anderen aber verweisen diese Welten auch auf den Lebensraum der Personen, den sie zwar partiell mit anderen teilen – zum Beispiel teilt Angélique den Lebensraum der Kunstakademie mit den anderen Kunststudent*innen –, der aber dennoch als individuell empfunden wird. Dabei handelt es sich zumeist entweder um den privaten Raum wie beispielsweise das eigene Haus oder um die Berufswelt, also beispielsweise das Gericht oder die Praxis. So ist das von einem Zaun umgebene Haus von Loïc und Rachel als ‚Reich' der Familie Le Garrec anzusehen, es ist ein zentraler Punkt in ihrer gemeinsamen privaten Welt. Folglich ist die Rose, die Angélique Loïc sendet und die er seiner Frau gibt, als Eindringling in diese Welt inszeniert. Zu atmosphärischen Geräuschen der Nacht schwenkt die Kamera vom Ehebett der Le Garrecs zu der über dem Bett über sie wachenden Rose (45'11). Wenn Loïc Rachel vor dem Gericht, ihrem Arbeitsplatz, abfängt, steht sie vor der einzigen Lücke in einem großen Zaun, der das Gebäude umsäumt (54'21). Loïc dringt nicht in die Gerichtswirklichkeit ein, sondern unterhält sich mit Rachel auf einer nahegelegenen Bank außerhalb des abgegrenzten Bereichs. Als Loïc den Verdacht bekommt, dass Angélique seine heimliche Verehrerin ist, will er dies bestätigt wissen und probiert den ihm zugesandten Schlüssel aus (1'17'34). Dieser passt in das Schloss des Hauses, das Angélique hüten soll, und so betritt er ihr Reich. Dieses Eindringen ist nahezu mystisch inszeniert und erinnert an die Reise des Captain Willard durch den Dschungel zu Colonel Kurtz in das „Herz der Finsternis" in APOCALYPSE NOW (Coppola 1979). Willard trifft dort auf eine Tempelstadt. Sie ist das Reich, welches sich der wahnsinnige Kurtz aufgebaut hat und welches er nach von ihm selbst aufgestellten Regeln beherrscht. Auch in À LA FOLIE steht am Ende des Weges im Zentrum oder im Herzen der als wahnsinnig betrachteten Protagonistin das, was sie innerlich ausmacht. In Angéliques Haus wird Loïc, nachdem er eine weitere Tür öffnen muss, mit dem Ikonenwahn von Angélique konfrontiert und erblickt eine fratzenhafte lebensgroße Collage seiner selbst: Er findet ein verzerrtes Abbild von sich im Herzen Angéliques. Jede Zeichnung, jedes Gemälde, jede Collage, die Angélique von Loïc anfertigt, ist ein Produkt ihrer Fantasie, ist die subjektive Wiedergabe ihres – inneren – Blicks auf Loïc, der so nach außen gekehrt wird. Darüber hinaus erhält Loïc hier auch den Hinweis darauf, wie es zum Ausbruch der Erotomanie bei Angélique kommen konnte. Die Collage von Loïc hält eine Rose in der Hand, was bei ihm die Erinnerung an den Tag weckt, an dem er Angélique aus dem Blumenstrauß für seine Frau jene Rose schenkte, aus Freude darüber Vater zu werden.

In vielen Punkten konnte gezeigt werden, dass À LA FOLIE formal und inhaltlich mit den Aussagen des Radikalen Konstruktivismus übereinstimmt. So deckt der Film beispielsweise die Konstruktivität der Wahrnehmung auf, indem er mit Genrekonventionen spielt, die Konstruktivität des Kausalitätsdenkens entlarvt und durch seine Form das Konstrukthafte des Films und die Möglichkeit der Manipulation durch die Filmemacher*innen enthüllt. Allerdings stellt er Angéliques Welt als die einer psychisch kranken Frau dar, die durch die Sichtweise des geistig gesunden Loïc sowie eine auktorial erzählte dritte Episode in ihrer Abnormalität bloßgestellt wird. In diesem Aspekt stimmt der Film nicht mit dem Radikalen Konstruktivismus überein, dessen zentrale Botschaft lautet, dass es keine objektive Wahrnehmung geben kann. À LA FOLIE endet deshalb an einem Punkt, an welchem ein konsequentes Vorantreiben der radikalkonstruktivistischen Ideen vonnöten gewesen wäre, um dem Film eine konstruktivistische Sicht zuzuschreiben. Der konstruktivistische Standpunkt wird abgeschwächt und sogar teilweise revidiert, indem suggeriert wird, dass ein objektiver Zugang zur Wirklichkeit doch möglich ist. Um eine radikalkonstruktivistische Position einzunehmen, hätte der Film auf eine auktorial erzählte dritte Episode verzichten und durch einen weiteren Durchlauf und die Enthüllung von Gegebenheiten, die die vorherigen widerlegen, die zweite Episode entkräften müssen. Damit wäre der Film dem Habitus des elterlichen Aufklärens („Nun zeige ich dir, wie die Wirklichkeit tatsächlich ist') entkommen und hätte den zweiten Teil, der die subjektive Sicht des ersten Teils korrigiert, wiederum nihiliert und damit auf einen scheinbar endlosen Zyklus verwiesen, dem man nie entkommen kann.

À LA FOLIE kann zwar als Produkt der aufgrund der digitalen Technik verschärften Diskussion um die Manipulierbarkeit und den Wahrheitsgehalt von Bildern angesehen werden, aber auch wenn die Authentizität des filmischen Bildes in Frage gestellt wird, suggeriert der Film „[d]ie Welt, die dahinter zum Vorschein kommt, ist heil"[245] und verweigert dadurch die radikale Infragestellung der Wahrnehmung der Welt selbst. Trotzdem ist eine Botschaft des Films: Traue deiner Wahrnehmung nicht uneingeschränkt! Oder mit anderen Worten: Sei dir darüber bewusst, dass du von Gorillas umgeben sein könntest und es unter Umständen noch nicht einmal bemerken würdest.

---

[245] Thoene (2006), Er liebt mich – er liebt mich nicht, a.a.O., S. 91.

4 Der ereignisbasierte Variantenfilm

4.1 Variantenfilme unter dem Vorzeichen der digitalen Technik

Es ist anzunehmen, dass die Digitalisierung einen erheblichen Einfluss auf das Entstehen von Variantenfilmen gehabt hat. Diese These soll im Folgenden in mehreren Teilschritten untersucht werden. Zunächst wird die Entwicklung des Films vom analogen zum digitalen Medium skizziert. Die Digitalisierung im Film und anderen Bereichen wie zum Beispiel in der Musik führt zu einer „remix culture"[246]. Diese macht sich unter anderem das Prinzip des Loops zu eigen, das auch den ereignisbasierten Variantenfilmen zugrunde liegt. Die Software ist bei der Bearbeitung digitaler Medien und auch für Variantenfilme von besonderer Bedeutung, vor allem im Zusammenhang mit der „Datenbank-Erzählung" („database narrative")[247] und dem nonlinearen Schnitt. Ihr Einfluss ist ebenso wie die digitalen Narrationsformen Computerspiel[248] und Videoclip gesondert zu untersuchen.

Ursprünglich beruht das Medium Film auf analogen Verfahren, das heißt durch fotochemische Prozesse werden wirklichkeitsähnliche Bilder festgehalten: Was sich vor dem Kameraobjektiv befindet, hinterlässt physische Spuren auf dem Filmmaterial. Aus dieser Tatsache sowie der Materialität des Filmstreifens selbst resultiert die Annahme, dass der Film in der Lage ist, die Wirklichkeit einzufangen.[249] Um dem Argument der Radikalen Konstruktivist*innen vorweg zu greifen, auch die Kamera könne die Wirklichkeit geschweige denn die Realität nicht

---

[246] Manovich, Lev: What comes after remix? 2007. http://manovich.net/content/04-projects/057-what-comes-after-remix/54_article_2007.pdf. Zugriff am 29.07.2015.
[247] Weingarten (2008), Patchwork der Pixel, a.a.O., S. 229.
[248] Die Bezeichnungen Computerspiel und Videospiel werden im Folgenden synonym verwendet.
[249] Vgl. Hoberg, Almuth: Film und Computer. Wie digitale Bilder den Spielfilm verändern. Frankfurt a. M. / New York 1999, S. 12f.

abbilden, sei hinzugefügt, dass „analog" „'ähnlich' und ‚gleichartig'"[250] bedeutet und ein Wahrheitsanspruch der Bilder demnach bereits in der Namensgebung nicht behauptet wird. Gleichwohl geht man im Alltag normalerweise davon aus, dass das, was man in einem „Live-action"-Film[251] bzw. im Fernsehen gezeigt bekommt, auch in gewisser Weise wirklich stattgefunden hat.

Seit dem Aufkommen der Digitaltechnik stehen digitale Bilder analogen konträr gegenüber, da sie nicht mehr auf einem Abbildungsverhältnis zur Wirklichkeit basieren, sondern ihre Informationen in binären Zahlenketten ausdrücken.[252] Auch wenn digitale Bilder oft nicht von analogen zu unterscheiden sind und im Gegenteil eine Art hyperrealen Look kreieren können, schärft das Wissen um ihre Entstehung bzw. Veränderung am Computer dennoch das Bewusstsein um die Künstlichkeit des filmischen Bildes, das seit Anbeginn der Filmgeschichte manipuliert worden ist.[253] Das nicht länger zu leugnende Fehlen des Referenzbezugs zur Wirklichkeit bringt an die Oberfläche,

> [w]as wir eigentlich schon immer wussten, aber – gerade vor der Leinwand – nicht wahrhaben wollten: dass nämlich den Bildern nicht zu trauen ist, was ihre Wirklichkeitsbindung und Authentizität angeht, das lässt sich angesichts der digital erzeugten Bilder nicht länger ignorieren.[254]

Es gibt unterschiedliche Grade von Digitalisierung, je nachdem welche Teile des Produktionswegs betroffen sind: Ein Film kann analog gedreht (analoger Live-action-Film) und nur digital bearbeitet werden, er kann bereits digital aufgenommen werden (digitaler Live-action-Film) oder sogar vollständig am Computer entstehen (Animation). Wichtig ist dabei, dass das fast 100 Jahre lang dominierende Verfahren einen Film auf Zelluloid zu drehen, inzwischen nur noch eine Möglichkeit unter vielen darstellt. Wenn das Rohmaterial des Live-action-Films digitalisiert ist, liegt es in der gleichen Form vor wie genuin digitales Footage: in Pixel.[255] Da jedes Pixel einzeln angesteuert und verändert werden kann,

---

[250] Weingarten, Susanne: Was ist so schlimm am Leben in der Matrix? Anmerkungen zur Ästhetik des Digitalen im Film. In: epd/Film. 21. Jahrgang 2004, Heft 12, S. 18-21, hier S. 19.
[251] Manovich, Lev: The Language of New Media, Cambridge 2001, S. 302.
[252] Vgl. ebd., S. 27.
[253] Vgl. Hoberg (1999), Film und Computer, a.a.O., S. 31.
[254] Weingarten (2004), Anmerkungen zur Ästhetik des Digitalen, a.a.O., S. 20.
[255] Vgl. Weingarten, Anmerkungen zur Ästhetik des Digitalen, a.a.O., S. 21; vgl. auch Manovich, Lev: What is digital cinema? 1995. http://manovich.net/content/04-projects/009-what-is-digital-cinema/07_article_1995.pdf. Zugriff am 29.07.2015. Das Wort Pixel setzt

sind die gestalterischen Manipulationsmöglichkeiten prinzipiell grenzenlos und unterliegen keinen physischen Grenzen mehr, die fotografische Filmkunst wird zu einer grafischen:[256]

> Die Werkmasse Daten wird auf eine Weise bearbeitet, die Künstliches und Echtes, Erfundenes und Wirkliches, Dargestelltes und Animiertes, Altes und Neues nicht mehr kategorial unterscheidet, sondern verbindet, überlagert, konterkariert oder vermischt. Es entsteht eine Hybride, die nicht zuletzt [...] die klassische Trennung von Live-Action- und Animationsfilm unterläuft.[257]

Diese Überlegungen implizieren ebenfalls, dass der Unterschied zwischen einem Original und seiner Kopie aufgehoben wird. Die Kopie eines digitalen Films weist im Gegensatz zu einer analogen Filmkopie keine so genannten Generationsverluste mehr auf. Das Verschwinden eines Originals schlägt sich auch auf der narrativen Ebene der Variantenfilme nieder,[258] in denen Abschied genommen wird von der Idee der *einen* ‚wahren' Geschichte zugunsten eines Pluralismus gleichwertig nebeneinander bestehender möglicher Geschichten. Laut des Medientheoretikers Lev Manovich hat die zunehmende Digitalisierung eine Rückkehr zu verbannten vorkinematografischen Techniken zur Folge,[259] von denen sich der Film bisher stetig entfernt hatte:

> Once the cinema was stabilized as a technology, it cut all references to its origins in artifice. Everything that characterized moving pictures before the twentieth century – the manual construction of images, loop actions, the discrete nature of space and movement –was delegated to cinema's bastard relative, its supplement and shadow – animation.[260]

Manovich geht sogar so weit, den digitalen Film als eine Sonderform der Animation zu bezeichnen,[261] da er nicht mehr länger auf dem Grundsatz des aufneh-

---

sich zusammen aus Picture und Element; ein Pixel ist ein Bildpunkt und damit die kleinste Einheit eines digitalen Bildes.

[256] Vgl. Weingarten (2004), Anmerkungen zur Ästhetik des Digitalen, a.a.O., S. 19.
[257] Ebd., S. 21.
[258] Vgl. Weingarten (2008), Patchwork der Pixel, a.a.O., S. 225.
[259] Lev Manovich nennt zum Beispiel: „the Zootrope, the Zoopraxiscope, the Tachyscope, and Marey's photographic gun". Manovich, Lev: Cinema and Digital Media. In: Shaw, Jeffrey; Schwarz, Peter (Hrsg.): Perspektiven der Medienkunst. Museumspraxis und Kunstwissen antworten auf die digitale Herausforderung. Ostfildern 1996, S. 151-156, hier S. 154.
[260] Manovich (2001), The Language of New Media, a.a.O., S. 298.
[261] "*Born from animation, cinema pushed animation to its periphery, only in the end to become one particular case of animation.*" Hervorhebung im Original. Ebd., S. 302.

menden Auges basiert, sondern gleichsam mit einem Pinsel gestaltet wird.[262] Das kann zu einer Vernachlässigung der Narration zugunsten des Schauwerts führen, wie Weingarten prognostiziert.[263] Analog gedrehte, aber die digitale Technik nutzende Beispiele dafür sind der perspektivenbasierte Variantenfilm YING XIONG und der ereignisbasierte Variantenfilm LOLA RENNT,[264] die beide in erster Linie durch ihre Bildgewalt und nicht durch die Komplexheit und Tiefe der erzählten Geschichte(n) auffallen, auch wenn sie gleichwohl einen Diskurs über die narrativen Mittel und Techniken an sich darstellen.

„[A]lgorithmic composition, sampling and mixing as a new form of creativity" sowie „online distribution of culture"[265] sind Merkmale digitaler Medien und haben ihren Ursprung in der Praxis des Remix in der Musik. Die Aufspaltung eines Songs in seine verschiedenen Elemente (einzelne Instrumente, Gesang etc.) ermöglicht eine neue und veränderte Kombination dieser Komponenten: den Remix. Heute wird der Remix nicht mehr nur in der Musik angewandt, sondern auch bei Fotos, Videos oder Dokumenten im Internet. Die Ende des letzten Jahrhunderts aufkommende Software stellt nach Manovich geradezu eine Einladung zum Remixen dar.[266] Nach Weingarten gilt dies auch für die digitale Gestaltung von Filmbildern:

> Die Möglichkeit des Remix beruht darauf, dass es Ausgangsstoffe gibt, die sich im Rechner neu zusammenstellen lassen, und durch die Digitalisierung sind Bilder auf eine Weise dazu verfügbar geworden, die im Zeitalter analoger (sprich: materieller, an ein Negativ gebundener) Bilder undenkbar gewesen wäre.[267]

Ein grundlegender Bestandteil beim Remix ist der Loop. Auch in den oben angesprochenen vorkinematografischen Techniken spielte dieser eine wichtige Rolle, da dort oft Aktionen gezeigt wurden, die in einer Schleife gespielt werden

---

[262] Vgl. ebd., S. 307.
[263] Vgl. Weingarten (2008), Patchwork der Pixel, a.a.O., S. 226.
[264] LOLA RENNT enthält neben 35mm-Filmaufnahmen auch Animationen und Videomaterial, worauf in der Filmanalyse noch näher einzugehen sein wird.
[265] Lev Manovich im Interview mit Palmer. Palmer, Daniel: Lev Manovich. How to speak new media. In: Realtime. 44/2001. http://www.realtimearts.net/article/issue44/5899. Zugriff am 29.07.2015.
[266] Lev Manovich im Interview mit Weingarten. Weingarten, Susanne: „Der Designer ist der Prototyp unserer Zeit". In: Kulturspiegel. 8/2006. http://www.spiegel.de/kultur/kulturspiegel/0,1518,429390,00.html. Zugriff am 29.07.2015.
[267] Weingarten (2008), Patchwork der Pixel, a.a.O., S. 230.

konnten.²⁶⁸ Programmieren ist ohne Loops unmöglich, denn in PC-Programmen finden sich ständig Befehle wie „if / then" und „repeat / while"²⁶⁹.

Variantenfilme haben das Prinzip des Loops verinnerlicht. In GROUNDHOG DAY oder 12.01 etwa auf der Ebene der Zeit, auf welcher die Schleife stets an den Beginn desselben Tages zurückführt. Bei LOLA RENNT hingegen zeigt sich der Loop auf der situativen Ebene, wenn Lola am Ende von Episode eins und zwei wieder in die Ausgangssituation zurückversetzt wird. ‚Verzweigte Filme' wie SLIDING DOORS oder PRZYPADEK fungieren nach der Maxime „if / then": *Wenn der Protagonist den Zug erreicht, dann tritt das Ereignis A ein, wenn er ihn nicht erreicht Ereignis B usw.* Die Grenzen dieses Prinzips werden in den zusammengehörenden Filmen SMOKING und NO SMOKING ausgelotet, in denen die Verzweigungen nicht nur mehrfach innerhalb der einzelnen Filme stattfinden, sondern darüber hinaus auf zwei Filme erweitert werden. Manovich plädiert dafür, dass die Remix-Kultur die Ära der Postmoderne abgelöst hat²⁷⁰ und führt das auf die „Deep Remixability" zurück: „What gets remixed today is not only content from different media but also their fundamental techniques, working methods, and ways of representation and expression"²⁷¹. Filme, deren Kapitel man auf der DVD in unterschiedlicher Reihenfolge abspielen kann ohne dass sie sinnlos würden – und dazu gehören die meisten ereignisbasierten Variantenfilme – sind Ausdruck der „digitale[n] Ästhetik der Remix-Kultur"²⁷².

Einen kaum zu überschätzenden Einfluss bei der digitalen Filmbearbeitung stellt die Software dar. Mitte der 1990er Jahre kam es zur Einführung von Computersoftware, die sich auch kleine Unternehmen und Amateur*innen leisten können. Infolgedessen verbreiteten sich die Programme weit über die spezialisierten Berufssparten hinaus, für die sie ursprünglich bestimmt waren.²⁷³ Diese Hybridisierung, deren Grundvoraussetzung das Vorliegen digitaler Daten ist, wirkt sich massiv auf die visuelle Ästhetik aus, welche zusätzlich durch das Interface von Computerprogrammen beeinflusst wird: „Authoring software shapes how the author understands the medium she / he works in; and consequently,

---

[268] Als Beispiel nennt Manovich einen vor- und zurückhüpfenden Ball oder einen hin- und herfliegenden Schmetterling. Vgl. Manovich (1995), What is digital cinema?, a.a.O.
[269] Manovich (2001), The Language of New Media, a.a.O., S. 317.
[270] Vgl. Manovich (2007), What comes after remix?, a.a.O.
[271] Manovich, Lev: Understanding Hybrid Media. 2007. http://manovich.net/content/04-projects/055-understanding-hybrid-media/52_article_2007.pdf. Hervorhebung des Originals entfernt. Zugriff am 29.07.2015.
[272] Weingarten (2008), Patchwork der Pixel, a.a.O., S. 230.
[273] Vgl. Manovich, Understanding Hybrid Media, a.a.O.

they play a crucial role in shaping the final form of a techno-cultural text"²⁷⁴. Es kann zwar nicht direkt darauf eingewirkt werden, wie User ein Programm nutzen, aber durch die Vorgaben, was möglich ist und was nicht, wird dennoch ein großer Einfluss auf deren Entscheidungen genommen: Das bloße Vorhandensein von verschiedenen Audio- und Videospuren auf einer Timeline führt dazu, dass man diese auch belegt.²⁷⁵

Der „random access"²⁷⁶, also der Zugriff direkt auf jedes einzelne Element der Datenbank (database) ergo auf die im Computer gespeicherten Daten, ist eines der Grundprinzipien digitaler Medien. Sobald das Filmmaterial im Computer in Form von digitalen Daten vorliegt, kann jeder beliebige Clip bzw. sogar jedes beliebige Bild zu jeder Zeit aufgerufen werden.²⁷⁷ Funktionen wie beispielsweise der „Match Cut" im Schnittprogramm Media Composer der Firma Avid ermöglichen das Wiederfinden eines bestimmten Frames in der Fülle des Rohmaterials mit einem einzigen Mausklick. Die Möglichkeit dieser flexiblen Handhabung des Materials findet sich auch in der Erzählstruktur diverser Filme wieder, die den Erzählexperimenten zugerechnet werden können, beispielsweise 21 GRAMS (Iñárritu 2003) und ETERNAL SUNSHINE OF THE SPOTLESS MIND (Gondry 2004). Sie haben „die chronologische Abfolge durch eine Art *point-and-click*-Zugriff auf die Geschichte ersetz[t], der vor und zurück zu scheinbar beliebigen Punkten auf der Zeitschiene in der Handlung springt"²⁷⁸.

Neben diesem Niederschlag in der narrativen Struktur von Filmen, hat die Zunahme der Arbeit mit Datenbanken auch noch ein anderes Phänomen herbeigeführt, das vorher nicht im gleichen Umfang existierte: die Datenbank-Erzählung. Der Begriff „database narratives" bezieht sich auf

> narratives whose structure exposes or thematizes the dual processes of selection and combination that lie at the heart of all stories […]: the selection of particular data (characters, images, sounds, events) from a series of databases or paradigms which are then combined to generate specific tales.²⁷⁹

---

[274] Manovich, Lev: Post-Media Aesthethics. 2001. http://manovich.net/content/04-projects/032-post-media-aesthetics/29_article_2001.pdf. Zugriff am 29.07.2015.
[275] Vgl. Manovich (2007), Understanding Hybrid Media, a.a.O.
[276] Manovich (2001), The Language of New Media, a.a.O., S. 49.
[277] Vgl. Manovich (1996), Cinema and Digital Media, a.a.O., S. 154.
[278] Weingarten (2008), Patchwork der Pixel, a.a.O., S. 229. Hervorhebung im Original.
[279] Kinder, Marsha: Hot Spots, Avatars, and Narrative Fields Forever. Buñuel's Legacy for New Digital Media and Interactive Database Narrative. In: Film Quarterly. 55. Jahrgang 2002, Heft 4, S. 2-15, hier S. 6.

Bei der Datenbank-Erzählung werden demnach aus einem baukastenähnlichen Pool von Daten bestimmte Elemente beliebig herausgegriffen. Als Beispiele nennt die Medientheoretikerin Marsha Kinder zum einen europäische Kunstfilme wie L'ANNÉE DERNIÈRE À MARIENBAD (Resnais 1961), Dokumentationen mit Experimentalcharakter wie LES GLANEURS ET LA GLANEUSE (2000) von Agnès Varda und unabhängige Mainstream-Filme wie PULP FICTION (Tarantino 1994), LOST HIGHWAY (Lynch 1997) oder THE MATRIX (A. und L. Wachowski 1999). Zur letzten Gruppe zählt sie auch einige Variantenfilme, beispielsweise LOLA RENNT und GROUNDHOG DAY. Die vor dem digitalen Zeitalter gedrehten database narratives bezeichnet Kinder als „pre-digital database films"[280].

Ein Hauptmerkmal der Datenbank-Erzählung ist die Offenlegung der Beliebigkeit, mit der Entscheidungen von der Filmemacher*in bzw. von den Figuren im Film getroffen werden und das immer darin inne liegende Potenzial anderer Geschichten, die auch hätten entstehen können. Deshalb treten solche Filme stets in einen selbstreflexiven Diskurs ein.[281] Manovich führt das Aufkommen von database narratives zurück auf den Wandel von einer traditionellen Gesellschaft, die über wenige Informationen verfügt und diese in einer Geschichte zu vereinen sucht, hin zu einer Gesellschaft mit einer Überfülle an Informationen, welche nur noch durch Datensätze und Suchmaschinen gebändigt werden können. Dieser Umstand hat einen Verlust an Bedeutung der klassischen Erzählung zufolge zugunsten von Registern und Verzeichnissen.[282] Weingarten sieht eine Weiterentwicklung der Datenbank-Erzählung im Ausbau der Möglichkeit zur Interaktion, die es der Zuschauer*in gestattet, selbst Einfluss auf den Fortgang eines Films zu nehmen.[283] Sie konstatiert eine fundamentale Umgestaltung der Narrationsweise durch das „'Fundusprinzip' der Datenbank als Ordnungsfunktion": Die Erzählung wird „multiperspektivisch und wiederholbar und verliert den objektiven Status, der sich aus ihrem Anspruch, jeweils eine, die einzig denkbare Geschichte zu erzählen, ableitet"[284].

Jede dieser Beobachtungen trifft auch auf den Variantenfilm zu, der entweder multiperspektivisch erzählt oder ein Ereignis wiederholt und damit die Idee der *einen* Geschichte aktiv negiert. Allerdings kann man bei unterschiedlichen Variantenfilmen verschieden starke Tendenzen zum database narrative ausmachen: Je

---

[280] Ebd., S. 3.
[281] Vgl. ebd., S. 6.
[282] Vgl. Lev Manovich im Interview mit Daniel Palmer (2001), a.a.O.
[283] Vgl. Weingarten (2008), Patchwork der Pixel, a.a.O., S. 229.
[284] Ebd.

weniger ereignisbasierte Variantenfilme die Variationen intradiegetisch erklären bzw. thematisieren und je inhaltlich unmotivierter sie die einzelnen Episoden formal voneinander abgrenzen, desto stärker kann man sie den database narratives zuordnen. Variantenfilme zweiten Grades (vgl. Kap. 2.1) entsprechen demnach weniger bis gar nicht mehr dem Prinzip der Datenbankerzählung. In GROUNDHOG DAY erfährt man zwar nicht, wieso Phil den Murmeltiertag immer und immer wieder erlebt,[285] aber innerhalb der Erzählung wird das Thema zur Sprache gebracht, indem dem Erstaunen der Figur über die Wiederholung des Murmeltiertages vehement Ausdruck verliehen wird. Deshalb ist der Aspekt der Datenbank-Erzählung hier weniger stark ausgeprägt. In 12.01 ist der Bezug zu den database narratives noch geringer, da für die Wiederholung des Tages intradiegetisch eine – nach den Regeln des Science-Fiction logische – Erklärung abgegeben wird: Ein Wissenschaftler führt verbotenerweise ein Experiment durch, das eine Zeitschleife aktiviert. SMOKING / NO SMOKING, PRZYPADEK und SLIDING DOORS hingegen folgen dem Database-Prinzip deutlicher, weil sie die potenzielle Entstehung alternativer Narrationen aufzeigen und die Ambition, immer nur *eine* einzige vorstellbare Geschichte zu erzählen, aufgeben.

Das Potenzial des Computers, Arbeitsschritte problemlos zu revidieren, evoziert eine neue Arbeitsweise. Dies trifft nicht nur auf Schnittprogramme zu, sondern auch auf andere Vorgänge, wie beispielsweise das Erstellen eines schriftlichen Dokuments. An der Schreibmaschine war das Verbessern von Fehlern zwar möglich, allerdings nur umständlich und mit der Einschränkung, dass die Korrektur stets sichtbar blieb, am Computer kann es einfach und spurlos geschehen. Zusammen mit der erhöhten Geschwindigkeit des digitalen Schnittprozesses und dem direkten Zugriff auf das gesamte Material ist die Möglichkeit zur unsichtbaren Revision sicherlich dem Entstehen von ereignisbasierten Variantenfilmen zuträglich gewesen, denn damit wird die Voraussetzung für die Erstellung verschiedener Versionen eines Films geschaffen. Diese Arbeit mit Versionen, die nebeneinander gestellt und verglichen werden können, ist typisch für den digitalen Schnitt – nicht ohne Grund erinnern Variantenfilme wie LOLA RENNT in ihrer Form an aneinander gereihte Schnittversionen. Dies soll natürlich nicht be-

---

[285] Zeitweise war geplant gewesen, eine übernatürliche Erklärung in Form des Fluchs eines Zigeuners einzubinden. Vgl. hierzu: Lippy, Tod: Writing Groundhog Day: A Talk with Danny Rubin. In: Scenario. 1, 2 (Frühling 1995), S. 53, zitiert nach: Thompson (1997), Wiederholte Zeit und narrative Motivation, a.a.O., S. 63.

deuten, dass ereignisbasierte Variantenfilme zufällig entstehen,[286] aber die oben beschriebene Arbeitsweise prägt die Filmemacher*innen. Die veränderten Arbeitsprozesse haben neben den narrativen auch formal-ästhetische Konsequenzen für die Filme. So zeigt sich die erhöhte Geschwindigkeit beim Schneiden „als formaler Niederschlag im erhöhten Tempo der Filme der neunziger Jahre"[287] und wird zusammen mit der Negierung von Linearität in der Erzählung als Antwort auf eine immer komplexere und schwerer fassbare, als beschleunigt empfundene Welt aufgefasst.[288]

Digitale Medien zeichnen sich zum einen dadurch aus, dass sie interaktiv sein können, zum anderen durch ihre Art der Narration, was sich exemplarisch an Computerspielen und Videoclips aufzeigen lässt. Computerspiele bestehen aus den zwei Komponenten Erzählung und Spiel. Die Story wird in Form von animierten Szenen vermittelt, wobei man in diesem Fall unter Animation „sämtliche selbstablaufende[], nicht direkt durch den Nutzer beeinflussbare[] Phänomene innerhalb eines Adventure Games"[289] versteht. Als Spiel wird der interaktive Teil eines Videospiels bezeichnet, bei dem die Nutzer*in selbst eingreift und handelt. Zu Beginn des Spiels gibt es einen Auftrag, der auf unterschiedlichen Wegen erreicht werden kann, entweder innerhalb einer frei wählbaren oder einer vorgeschriebenen Zeitspanne. In neueren Adventure Games werden konventionelle Mittel filmischer Gestaltung benutzt, sei es zum Spannungsaufbau oder in der Bildgestaltung.[290] Es ist anzunehmen, dass der Einfluss nicht einseitig ist, sondern dass Filme und Videospiele wechselseitig aufeinander einwirken.

---

[286] Im Fall von Tom Tykwer offenbart sich sein Interesse an Filmen mit unterschiedlichen Varianten bereits in seinen (analog gedreht und geschnittenen) Kurzfilmen EPILOG (1992) und BECAUSE (1990), in dem eine Geschichte zwei- bzw. drei Mal abgewandelt dargestellt wird.

[287] Hoberg (1999), Film und Computer, a.a.O., S. 61.

[288] Vgl. ebd., S. 61f.

[289] Walter, Klaus: Grenzen spielerischen Erzählens. Spiel- und Erzählstrukturen in graphischen Adventure Games. Siegen 2001, S. 170. http://dokumentix.ub.uni-siegen.de/opus/volltexte/2006/209/pdf/walter.pdf. Hervorhebung des Originals entfernt. Zugriff am 29.07.2015.

[290] Vgl. Walter, Klaus: Nichts Neues unter der Sonne. Spiel- und Erzählstrukturen in graphischen Adventure Games. http://www.dichtung-digital.de/2002/02/25-walter/index1.htm. Zugriff am 12.08.2015; vgl. Walter (2001), Grenzen spielerischen Erzählens, a.a.O., S. 176; vgl. Jannidis, Fotis: Event-Sequences, Plots and Narration in Computer Games. In: Gendolla, Peter; Schäfer, Jörg (Hrsg.): The Aesthetics of Net Literature. Writing, Reading and Playing in Programmable Media. Bielefeld 2007, S. 281-305, hier S. 283.

In ereignisbasierten Variantenfilmen ist der Spielcharakter stets präsent. Sie suggerieren bis zu einem gewissen Grad Interaktivität, zum Beispiel in den verzweigten Filmen SMOKING / NO SMOKING, SLIDING DOORS und PRZYPADEK, in denen das Publikum zwar nicht beeinflussen kann, was geschieht, aber suggestiv mehrere mögliche Versionen vorgeführt bekommt. Während in diesen Filmen mit Zufall und Entscheidungen gespielt wird, herrscht in FLIRT das Spiel mit den verschiedenen Milieus vor und in GROUNDHOG DAY und 12.01 das Spiel mit der Zeit. In LOLA RENNT ist das Motiv des Spiels und insbesondere auch des Computerspiels in überragendem Maße wichtig – ein Aspekt, der in der Filmanalyse im zweiten Teil dieses Kapitels erörtert wird.

Auch Videoclips kann man als digitales Medium betrachten, da die Schnelligkeit des Videoschnitts Voraussetzung für ihre Existenz ist, „[d]enn Videoclips besitzen, auch was ihre Fertigung betrifft, keine Geduld"[291]. Typischerweise zeichnen sie sich neben einer schnellen Schnittfrequenz auch durch ihre hybride Form aus, die durch die freie Nutzung von Elementen aus allen möglichen Genres, Zeitaltern, Kunstrichtungen und Stilen entsteht[292] sowie durch den Verzicht auf „eingefleischte Stereotypen des narrativen Kinos wie die kausal-lineare Erzählung, die Continuity-Montage oder das Schuss / Gegenschuss-Prinzip"[293]. Variantenfilme haben mit Videoclips gemeinsam, dass sie mit Erzählkonventionen brechen und oft nonlinear erzählen, was man wiederum auf die Nutzung der gleichen Technik zurückführen kann. Im Hinblick auf ihre Ästhetik können sie sich aber sehr unterscheiden. So haben die Einstellungen in SMOKING / NO SMOKING im Gegensatz zu denen in LOLA RENNT nichts vom schnellen Videoschnitt, sondern erinnern durch ihre Länge und Statik sowie die begrenzten Schauplätze eher an die Bühne eines Theaters.

Die Vermutung, dass Variantenfilme auch im Kontext der Digitalisierung entstanden sind, wurde bestätigt. Dieser Einfluss ist allerdings nicht alleinige Ursache für das Auftreten des Variantenfilms, da die Technik zwar bestimmte narrative und ästhetische Entwicklungen provozieren kann, wie beispielsweise den Bruch mit der chronologischen Erzählweise, aber nie allein dafür verantwortlich

---

[291] Karow, Willi: Einführung. In: Rüffert, Christine et al. / Bremer Symposium zum Film (Hrsg.): Zeitsprünge. Wie Filme Geschichte(n) erzählen. Berlin 2004, S. 10-16, hier S. 12.
[292] Vgl. Schenk, Irmbert: Zeit und Beschleunigung. Vom Film zum Videoclip? In: Rüffert, Christine et al. / Bremer Symposium zum Film (Hrsg.): Zeitsprünge. Wie Filme Geschichte(n) erzählen. Berlin 2004, S. 73-86, hier S. 73.
[293] Ebd., S. 73f.

zu machen ist. Ereignisbasierte Variantenfilme sind deshalb zwar keine notwendige Folge des technischen Fortschritts, aber dieser hat ein Umfeld geschaffen, das die Entstehung von Variantenfilmen begünstigt wie beispielsweise durch den schnellen Zugriff auf das gesamte Rohmaterial, die Möglichkeit zur beliebigen Kombination von Bildern und zur Nebeneinanderstellung unterschiedlicher Filmversionen.

4.2 LOLA RENNT im Kontext der Digitalisierung

LOLA RENNT ist ein dreiteiliger ereignisbasierter Variantenfilm. Jede Episode beginnt mit der gleichen Ausgangssituation: Lola hat 20 Minuten Zeit 100.000 DM zu besorgen und damit das Leben ihres Freundes Manni zu retten. Innerhalb der Episoden kommt es dann zu inhaltlichen Verschiebungen, die auf unterschiedlichen Entscheidungen und Zufällen beruhen und somit auch zu anders gearteten Ausgängen führen: Das erste Mal stirbt Lola, das zweite Mal Manni und schließlich gibt es ein Happy End. Die einzelnen Episoden sind durch rot eingefärbte Sequenzen verbunden, in denen Lola und Manni im Bett liegen und sich über die Liebe unterhalten.

In der folgenden Filmanalyse werden die eben besprochenen Eigenschaften und Auswirkungen der Digitalisierung noch einmal aufgegriffen und LOLA RENNT wird im Hinblick auf eben diese untersucht. Es soll gezeigt werden, dass Tom Tykwers Kinospielfilm der Struktur des Loops unterliegt und dass die Ästhetik und Form des Films durch die Arbeitsweise des nonlinearen Schnitts beeinflusst ist. Außerdem soll die Behauptung überprüft werden, dass LOLA RENNT zu den database narratives zu zählen ist und umfassende Anleihen bei Videoclips und Computerspielen macht.

Manovich hat darauf hingewiesen, dass die Menschheit sich momentan in einer Remix-Ära befindet. Der Ursprung des Remix liegt in der Musik, die auch bei LOLA RENNT eine wichtige Rolle spielt. Dort herrschen vor allem elektronische, treibende, das Geschehen noch zusätzlich beschleunigende Songs vor, die den slowenischen Philosophen und Kulturkritiker Slavoj Žižek zu der Aussage bewogen haben, dass „die Bilder des Films trotz all seiner visuellen Brillanz dem Soundtrack, dem hektischen zwanghaften Rhythmus untergeordnet sind"[294]. Der Loop als Grundelement des Remix findet sich im Film formal in dessen drei Va-

---

[294] Žižek, Slavoj: Die Furcht vor echten Tränen. Krzysztof Kieslowski und die „Nahtstelle". Berlin 2001, S. 86.

rianten wieder. Der rote Telefonhörer, der in einer schleifenähnlichen Bewegung durch die Luft wirbelt und schließlich auf der Gabel landet, ist ein wiederkehrendes Merkmal, das den Beginn des jeweiligen ‚Rennens' markiert. Auf diesen gleichen Anfang folgt dann in jeder Episode eine andere Entwicklung. Zumindest theoretisch könnten sich die Varianten unbegrenzt fortsetzen, sozusagen als „Möbiusband" in einer „Schleife der endlosen Wiederholungen"[295] so wie jeder musikalische Remix hypothetisch ebenso unendlich weiterlaufen könnte. Die Spirale als Variante des Loops wird mehrmals angesprochen: Manni wartet vor einer Kneipe namens „Spirale" auf seine Freundin und die Comicfigur Lola wird zu Beginn des Films in eine Spirale hineingesaugt. LOLA RENNT kann auch als Teil der deep remixability angesehen werden, da er unterschiedliche Verfahren, Arbeitsweisen und Darstellungs- und Ausdrucksformen vereint. Regisseur Tom Tykwer verwendet zum Beispiel 35mm Film- und DV-Material, Animationen und Live-action-Footage sowie Szenen in Schwarzweiß und Farbe. Weingarten zählt LOLA RENNT auch deshalb zur Remix-Ära, weil das Werk zu den Filmen gehört, bei welchen man prinzipiell die Episoden in beliebiger Reihenfolge betrachten kann.[296] Laut Tykwer ermöglicht die digitale Technik konkrete und abstrakte Bilder fließend ineinander übergehen zu lassen, ohne dass dieser Wechsel augenscheinlich wird. Als Beispiel nennt er die Formation der Menschenmasse zu dem Titelschriftzug „LOLA RENNT", die zwar mit echten Menschen, aber nur buchstabenweise gedreht und später digital aneinandergefügt worden ist.[297]

Nicht zufällig ist LOLA RENNT der erste Film, den Tykwer mit einem nonlinearen Schnittsystem bearbeitet hat.[298] Die digitale Montage ist zwar nicht allein für die Ästhetik des Films verantwortlich, zu der zum Beispiel auch Kameraführung und Soundtrack maßgeblich beisteuern, aber hat vermutlich zur hohen Schnittfrequenz beigetragen. Das Vorliegen des Filmmaterials in digitaler Form kann auch Datenbank-Erzählungen begünstigen. Einzelne Elemente können problemlos und schnell ausgewählt und auf einer Timeline hin- und hergeschoben, überlagert oder wiederholt werden. LOLA RENNT verdeutlicht das Prinzip der database narratives Entscheidungsprozesse zu offenbaren und dadurch auf die Möglichkeit der Entwicklung alternativer Geschichten zu verweisen. Ein Bei-

---

[295] Schuppach, Sandra: Tom Tykwer. Mainz 2004, S. 54.
[296] Vgl. Weingarten (2008), Patchwork der Pixel, a.a.O., S. 230.
[297] Vgl. Tom Tykwer im Interview mit Michael Töteberg. In: Töteberg, Michael (Hrsg.): Tom Tykwer. Lola rennt. Reinbek bei Hamburg 1998, S. 129-142, hier S. 131-133.
[298] Vgl. Tom Tykwer im Interview mit Steffen Schäffler. Schäffler, Steffen: Neun Interviews. München 2002, S. 258.

spiel hierfür sind die „UND DANN"-Einheiten, kurze Schnappschussfotoreihen, die das zukünftige Leben der Figuren skizzieren, denen Lola zufällig begegnet. Die Unterschiedlichkeit der entwickelten Lebensläufe zeugt auch von der Beliebigkeit der Entscheidungen, einerseits auf Seite des Filmemachers, der das Schicksal der Figuren bestimmt, andererseits auf Figurenebene, auf der die Charaktere durch kleine Entscheidungen Einfluss auf ihr gesamtes kommendes Leben nehmen: „Jeden Tag, jede Sekunde triffst du eine Entscheidung, die dein Leben verändern kann" heißt es auf der DVD-Hülle. Eine der Figuren, auf die Lola trifft, ist Doris, eine Frau, die mit ihrem Kind spazieren geht. In der ersten Episode wird ein ‚Worst Case'-Szenario ihrer Zukunft entwickelt: Die Schnappschussreihe zeigt, dass das Sozialamt Doris das Kind wegnimmt und bebildert ihren Versuch ein anderes Baby zu stehlen. In der zweiten Episode hingegen wird dem ein mögliches Wunschbild gegenübergestellt: Sie gewinnt im Lotto und zieht mit ihrer Familie in ein großes Haus. Die dritte Version ist weniger wertend gehalten: Doris tritt den Zeugen Jehovas bei und führt ein religiöses Leben. Die Zugehörigkeit dieses Spielfilms zu den database narratives geht mit selbstreflexiven Tendenzen einher. Einerseits wird auf der Mikroebene, das heißt in den einzelnen Einstellungen der eben beschriebenen, nur wenige Sekunden dauernden Schnappschussfotoreihen und auf der Makroebene, also innerhalb der Gesamtstruktur des Films, auf die Möglichkeit der Entstehung alternativer Plots verwiesen. Anderseits wird auch das Bedürfnis des Publikums nach einem Happy End bloßgestellt. Nicht zufällig endet der Film mit der glücklichen Version, in der keiner der beiden Protagonist*innen zu Schaden gekommen ist – im Gegenteil: Lola und Manni verlassen die Bühne mit 100.000 DM Bonus.

Von seiner Ästhetik her, insbesondere der Montage, erinnert LOLA RENNT stark an Videoclips. Es überrascht wenig, dass die Cutterin Mathilde Bonnefoy ihr Handwerk beim Schneiden von Musikvideos erlernt hat.[299] Die wesentlichen Merkmale von Videoclips – schneller Schnitt, nonlineare Erzählweise und hybride Form[300] – finden sich alle auch in LOLA RENNT wieder. In diesem Film, der mit der „Wucht großer Opern"[301] daherkommt, tritt die Erzählung – zumindest die lineare – zugunsten des Schauwerts und visuell-akustischen Spektakels in den Hintergrund. Große Teile von LOLA RENNT sind mit einem maßgeschneiderten

---

[299] Vgl. LOLA RENNT -DVD, Specials: Die Macher: Mathilde Bonnefoy.
[300] Vgl. Schenk (2004), Vom Film zum Videoclip?, a.a.O., S. 73f.
[301] Krausser, Helmut: Lola. Ein Nachwort, viel zu früh. In: Töteberg, Michael (Hrsg.): Szenenwechsel – Momentaufnahmen des jungen deutschen Films. Reinbek bei Hamburg 1999, S. 35-39, hier S. 35.

Soundtrack unterlegt und könnten ausschnittsweise 1:1 als Musikvideo auf Musiksendern wie MTV laufen. Dies trifft vor allem auf die Sequenzen zu, in denen Lola durch Berlin rennt. Tatsächlich sind in den Videoclips zur Filmmusik, wie zum Beispiel in „I Wish" von Thomas D. und Franka Potente, große Teile des Films direkt übernommen worden.

Die Montage von LOLA RENNT ähnelt jener von Videoclips nicht nur wegen ihrer Schnelligkeit, sondern auch wegen vieler weiterer, für den Musikclip typischer Schnitttechniken wie etwa Jump Cuts, Splitscreens, Zeitlupen, der Verwendung extremer Perspektiven wie Untersichten und Top Shots und Wiederholungen von Einstellungen (vgl. Screenshots 6). Ein Beispiel für letztgenanntes Merkmal findet sich in der Sequenz, in welcher Manni Lola von der in der U-Bahn vergessenen Geldtüte erzählt. Beide sagen insgesamt zehn Mal abwechselnd „die Tasche". Ein weiteres Beispiel kommt in der Sequenz vor, in der Lola, als Manni überfahren wird, die Plastiktüte mit dem Geld fallen lässt, was zwei Mal direkt hintereinander in unterschiedlichen Einstellungen gezeigt wird. An dieser Stelle kommt es zu einer Auflösung der linearen Zeit auf der Mikroebene: Die Tasche, die eigentlich nur einmal fallen kann, wird einfach in der Zeit zurückversetzt und nochmals beim Fall gezeigt. Der Bruch der Linearität verstärkt dabei die Tragik und Bedeutung des Moments. Die bereits erwähnten Jump Cuts kann man ebenfalls als Durchbrechung des Raum-Zeit-Kontinuums auf der Mikroebene begreifen. Auch auf der Makroebene findet sich diese nonlineare Erzählweise, wenn die Geschichte ohne eine rationale Begründung einfach wieder von vorne beginnt.

Screenshots 6: Extreme Untersicht und Splitscreen in LOLA RENNT (5'54, 52'08)

Neben dem schnellen Schnitt und der nonlinearen Erzählweise erfüllt LOLA RENNT auch das dritte Merkmal von Videoclips, die hybride Form. Der Film präsentiert sich als ein Feuerwerk aller zur Verfügung stehenden gestalterischen Mittel: Auf der Ebene des Bildmaterials wechseln sich am Computer entstandene animierte Sequenzen mit analog und digital gedrehtem Live-action-Film ab,

Fotos werden integriert[302] sowie Luftaufnahmen in Google-Earth-Ästhetik (5'34). Die Kamera ist stets in Bewegung und spiegelt damit die Energie und Dynamik der Protagonistin wider. Sie begleitet Lola beim Rennen, umkreist sie, beobachtet sie von oben, nimmt darüber hinaus aber auch ungewöhnliche Perspektiven ein wie die der Kugel im Roulettespiel. Die Gestaltung der Montage wurde bereits beschrieben, besonders auffallend sind hier Jump Cuts und Split Screens, aber auch Zeitlupen, Zeitraffer und sich seitlich ins Bild schiebende Übergänge. Auf der zeitlichen Ebene gibt es Flashforwards in Form der Schnappschussreihen und Rückblenden in Schwarzweiß, in denen Lola und Manni am Anfang ihre Vorgeschichte erzählen. Außerdem begibt sich LOLA RENNT auf die referenzielle Ebene, wenn zum Beispiel 2001: A SPACE ODYSSEY (Kubrick 1968) zitiert wird, indem der rote Telefonhörer wie in einem Matchcut parallel zu der sich in der Luft drehenden Plastiktüte gleicher Farbe montiert wird (36'11) – ganz wie der in der Luft fliegende Knochen in 2001 mit einem Raumschiff gegengeschnitten wird – oder wenn der Film auf DIE BLECHTROMMEL (Schlöndorff 1979) verweist: „Lolas Schreie der Verzweiflung sprengen Glas wie einst die Stimme von [...] Oskar Matzerath und seiner ‚Blechtrommel'"[303]. Und so trifft die Beobachtung des Filmjournalisten und Kinobetreibers Willi Karow über Musikvideos auch auf LOLA RENNT zu: „Im Videoclip findet sich alles, was es schon einmal gab, beschleunigt wieder"[304].

Tykwer begründet die Entscheidung alle nur möglichen Formen und Techniken einzusetzen damit, dass „[e]in Film über die Möglichkeiten des Lebens [...] auch ein Film über die Möglichkeiten des Kinos sein [muss]"[305]. Dem Zeichentrick komme die besondere Funktion zu, das Unmögliche möglich zu machen[306] – in der fantastischen Welt der Animation können Figuren überfahren werden und wiederauferstehen, fliegend Hindernisse überwinden oder eben auch 100.000 DM in 20 Minuten beschaffen. Mit dem Einsatz von Film- wie Videosequenzen trennt Tykwer Lolas und Mannis auf 35mm gedrehte Welt, die er als Kinowelt, in der Wunder geschehen können, bezeichnet, von der artifiziellen

---

[302] Neben den Schnappschussreihen sind dies die ‚Gefängnisfotos' (3'47) der Darsteller*innen in der Exposition, Fotos von möglichen Urlaubsorten, die der Obdachlose nach dem Geldfund laut Manni ansteuern könnte (7'32) sowie die Porträtfotos von Lolas Freund*innen und Verwandten, wenn sie sich überlegt, wer ihr helfen könnte (10'40).
[303] Jekubzik, Günter H.: Filmkritik zu LOLA RENNT. http://www.filmtabs.de/archiv/L/Lola%20rennt.html. Zugriff am 12.08.2015.
[304] Karow (2004), Einführung, a.a.O., S. 12.
[305] Tom Tykwer im Interview mit Michael Töteberg (1998), a.a.O., S. 131.
[306] Vgl. ebd.

und unrealen Welt der Nebenfiguren.[307] Für Tykwer repräsentieren also die analogen, auf Abbildung beruhenden Filmaufnahmen die ‚reale Kinowelt', die Videoaufnahmen hingegen die künstliche Welt. Dieses Verständnis entspricht der Annahme, dass analoger Film eine authentischere Repräsentation der Wirklichkeit bietet als digitale Bilder. Die Sequenzen in der Bank, in der ausschließlich Lolas Vater und dessen Geliebte Jutta zu sehen sind, sind beispielsweise in DV gedreht. Neben der verminderten Bildqualität – ‚pixelige' Auflösung, weniger prägnante Farbwerte und dadurch flacherer Raumeindruck – und der dokumentarisch anmutenden Handkamera trägt auch die Inszenierung der Figuren zu einer subtilen Irritation bei, wenn die unreine, schwitzende Haut von Jutta und Lolas Vater herausgestellt wird. Möglicherweise nimmt das an Hochglanzbilder gewöhnte Kinopublikum diese Bilder als ‚unechter' wahr als die ‚makellosen' Filmaufnahmen. Allerdings kann man das Verhältnis von digitalen und analogen Bildern auch umgekehrt betrachten, wenn man die digitalen, eher dokumentarischen Aufnahmen als wirklichkeitsnäher begreift als die analogen Hochglanzbilder.

Neben Videoclips ist LOLA RENNT stark an Computerspielen orientiert, was sich anhand einer Analyse der Exposition des Films exemplarisch verdeutlichen lässt. Die Videospiel-Ästhetik wiederum ist eng verbunden mit dem Motiv des Spiels im Allgemeinen und der Inszenierung der ablaufenden Zeit. Auf diese beiden Motive wird bereits in den ersten Einstellungen des Films verwiesen, die zwei Textzitate beinhalten – von denen eines lautet „Nach dem Spiel ist vor dem Spiel" –, bevor ein großes goldenes Uhrenpendel die erscheinenden Credits im Zuge seiner Pendelbewegung ‚wegwischt'.

Als nächste Einheit bekommt die Zuschauer*in von einer Voice-Over über den Sinn des Lebens unterlegte Aufnahmen von einer Menschenmasse präsentiert. Schließlich wird einer der Menschen, ein Wachmann, in den Blick genommen und gibt folgende Weisheiten von sich: „Ball is rund. Spiel dauert 90 Minuten. Soviel is schon ma klar. Allet andere is Theorie. Und ab" (2'49). Mit diesen Worten schießt er einen Fußball in die Luft, dem die digitale Trickkamera folgt und aus der Höhe zeigt, wie die Menschenmasse sich zu den Buchstaben des Titels „LOLA RENNT" formiert (vgl. Screenshots 7). Nicht nur zu Beginn des Films ist das Motiv des Spiels allgegenwärtig: Der Film selbst ist als Spiel angelegt, als ein Spiel mit den Möglichkeiten, den Formen, der Zeit und deutet da-

---

[307] Vgl. ebd., S. 134.

mit an, dass auch das Leben selbst als Spiel zu betrachten ist, als „eine Variation des gleichen Themas in seinen unendlichen Möglichkeiten"[308]. Berlin, inszeniert als Metropole der Möglichkeiten, die für Manni und Lola Lösungen und Gefahren bereithält, fungiert dabei als Spielfeld.[309] Am Ende ist es das Casino, also ein Ort, der genuin zum Spielen geschaffen wurde, in welchem Lola alles setzt und sich dadurch den vermeintlich rettenden Gewinn erspielt.

Screenshots 7: Der Ball als Motiv des Spiels und digitale Bearbeitung in LOLA RENNT (3'05, 3'19)

Der Ball, den der Wachmann in der eben beschriebenen Szene abschießt, landet in einer Comic-Welt, in der Lola als Zeichentrickfigur durch einen Tunnel rennt. Nun beginnt eine stark an Computerspielen orientierte, animierte Sequenz. Diese Sequenz, die ungefähr eine Minute dauert, ist in der Tradition von „Jump and Run"-Spielen inszeniert, bei denen eine Held*in[310] auf dem Weg zum Ziel gewisse Hindernisse wie Ungeheuer und Abgründe überwinden muss und Bonuspunkte sammeln kann. Während Lola in dieser Sequenz durch den Tunnel läuft, erscheinen immer wieder Credits, die sie mit der Faust zerschlägt, wobei ein klirrendes Geräusch ertönt, was nicht nur auf die Bewältigung eines Hindernisses, sondern auch auf das Sammeln von Bonuspunkten verweist. Darüber hinaus muss sie Monster abwehren und Gefahren wie einem übergroßen Uhrenpendel und drohenden Stromschlägen ausweichen. Insgesamt rennt Lola in dieser Sequenz durch drei Uhren hindurch, was einerseits ihren Kampf gegen die Zeit – sie hat nur 20 Minuten, um das Geld zu besorgen – symbolisiert, aber auch als Vorwegnahme der folgenden drei ‚Durch-Läufe' angesehen werden kann. Wie bei vielen Computerspielen üblich, hat Lola mehrere Leben, um das Ziel zu erreichen bzw. den Level zu bewältigen. Häufig muss bei PC-Spielen auf Level-Basis die Aufgabe innerhalb eines festgelegten Zeitlimits erledigt werden – wenn man eine gewisse Stelle erreicht hat (bei Lola die Spirale), wird das Zeitkontingent wieder aufgefüllt. Die ersten beiden Episoden können in diesem Sin-

---

[308] Schuppach (2004), Tom Tykwer, a.a.O., S. 54.
[309] Vgl. ebd., S. 150.
[310] Ein Beispiel ist Mario in dem Spiel „Super Mario".

ne als fehlgeschlagene Versuche verstanden werden, bevor der dritte Versuch schließlich gelingt. Eine weitere dieser animierten „Jump and Run"-Sequenzen findet man jeweils zu Beginn der einzelnen Durchläufe, wenn Lola von zu Hause losrennt und durch das Treppenhaus eilt. Hier besteht das Hindernis in Form eines Manns mit einem Hund, der sie beim ersten Durchlauf ignoriert, ihr beim zweiten ein Bein stellt und der beim dritten von Lola übersprungen wird. Nicht nur in diesen animierten Sequenzen kann man Lola als eine von einer Videospiel-Spieler*in gesteuerte Figur begreifen, was sich in den Sequenzen offenbart, in denen Lola offensichtlich – in einer vorherigen Episode – neue Kenntnisse erworben hat. Am Ende der ersten Episode, wenn sie mit ihrem Freund den Supermarkt überfällt, fragt sie Manni, wie man eine Pistole entsichert: „Kind, du kannst doch mit so 'nem Ding gar nicht umgehen….." (31'16) versucht der Wachmann des Supermarktes Lola zu beschwichtigen. Der – wortwörtlich – gleiche Satz aus dem Mund des Banksicherheitsmanns Schuster (45'11) in der zweiten Episode scheint Lolas Erinnerung zu wecken, denn gekonnt entsichert sie nun die Waffe. Lola scheint also zu lernen, wie sie die Gefahren und Hindernisse bewältigen kann, gleich einer Figur in einem Computerspiel, die von einer Spieler*in gesteuert wird, die immer mehr Wissen ansammelt.

Neben dieser offensichtlichen Anlehnung an „Jump and Run"-Spiele weist LOLA RENNT auch Bezüge zu den so genannten „Adventure Games"[311] auf. Bei diesen geht es ebenfalls primär darum einen Spielauftrag zu erfüllen, doch ist dieser auf komplexeren Wegen zu erreichen. Im Gegensatz zu „Jump and Run"-Spielen, in denen die Spieler*in im zweidimensionalen Raum Hindernisse in einer festgelegten Reihenfolge hintereinander bewältigen muss, hat man im dreidimensionalen Adventure Game theoretisch unbegrenzte Möglichkeiten seinen Weg selbst zu bestimmen, so wie das auch bei Lola der Fall ist. Außerdem erfordern Adventure Games mehr Geschicklichkeit und strategische Überlegungen. Auch Lola muss sich etwas einfallen lassen, wenn ihre bisherige Taktik (,Vater fragen') versagt. Im Fall von LOLA RENNT lautet der Spielauftrag sinngemäß: ‚Beschaffe 100.000 DM in 20 Minuten'. Lola akzeptiert die Aufgabe mit den Worten: „Ich bin in 20 Minuten da […] Mir fällt was ein, ich schwör's" (11'12). Typisch für Adventure Games ist außerdem das Hin- und Herspringen zwischen narrativen und interaktiven Sequenzen. Als Kino- und Fernsehfilm stehen LOLA RENNT keine Möglichkeiten zu einer direkten Interaktivität zur Verfügung, bei

---

[311] Dieser Begriff wird z.B. von Klaus Walter verwendet, der die Merkmale der Adventure Games auch ausführlicher beschreibt. Walter (2001), Grenzen spielerischen Erzählens, a.a.O., S. 1-3.

denen die Zuschauer*innen aktiv in das Filmgeschehen eingreifen könnten. Eines der wenigen Beispiele für einen interaktiven szenischen Film ist I'M YOUR MAN (Bejan 1992), bei welchem das Publikum beim Anschauen der DVD Entscheidungen hinsichtlich des weiteren Verlaufs der Geschichte treffen kann.[312] LOLA RENNT hingegen imitiert die Interaktivität des Computerspiels, indem der Film interaktive Sequenzen gleichsam nachstellt. Dies sind zum einen die soeben beschriebenen „Jump and Run"-Sequenzen, zum anderen aber auch die Situationen der Entscheidung, bei denen anhand einer Begebenheit gezeigt wird, welche unterschiedlichen Auswirkungen eine bestimmte bewusst getroffene Wahl sowie zufällige Ereignisse haben können. Auch wegen der Schnappschuss-Sequenzen kann man LOLA RENNT als einen „Entwurf zu einem interaktiven Film oder einer CD-ROM mit vielen wählbaren Handlungsverläufen"[313] ansehen.

Die „Basis des Computerbildes" und ebenso die von Computerspielen ist „mathematisch [...] und nicht materiell", weshalb „die Grenzen dessen, was durch es dargestellt werden kann, auch nicht physische, sondern logisch-rechnerische [sind]"[314]. Diesen Grundsatz scheint Tykwer einerseits auf die Gesamtstruktur des Films zu übertragen und andererseits konkret auf die Protagonistin Lola, deren Grenzen ebenfalls nicht mehr der physischen Welt unterliegen. Zwar hat Tykwer betont, dass es die „anarchische Kraft ihrer Leidenschaft"[315] ist, die Lola den eigentlich unmöglichen Wettlauf gegen die Zeit gewinnen lässt, aber dies gelingt ihr nur dadurch, dass der Regisseur den Cursor auf der Timeline zurücksetzt und ihr nochmals die Chance gibt, ihr Glück zu versuchen. Hier werden unter Ausnutzung der eigentlich unmöglichen Wiederholung des Geschehens die Grenzen der materiellen Welt gesprengt und Lola, „das Mischwesen aus Comicfigur und Realfigur [...] kennt keinen Schmerz und keine Erschöpfung und rennt auch nach ihrem Tod einfach als lebendiges Wesen weiter durch die Filmhandlung"[316].

---

[312] Dieser Film wird von Ryan als „Choice Point Film" bezeichnet. Ryan, Marie-Laure: Beyond Myth and Metaphor: Narrative in Digital Media. In: Poetics Today. 23. Jahrgang 2002, Heft 4, S. 581-609, hier S. 599.
[313] Jekubzik, Filmkritik zu LOLA RENNT, a.a.O.
[314] Hoberg (1999), Film und Computer, a.a.O., S. 30.
[315] Tom Tykwer im Interview mit Schäffler (2002), a.a.O., S. 249.
[316] Schuppach (2004), Tom Tykwer, a.a.O., S. 195.

4.3 Interdisziplinäre Untersuchung des Zufalls

Der Zufall ist das, was unberechenbar und deshalb auch nicht voraussagbar ist; etwas, das unerwartet und unvorhergesehen in das Leben tritt. Der Zufall beschreibt ein Ereignis, welches nicht beabsichtigt hervorgerufen wurde und dem kein Kausalzusammenhang zugewiesen werden kann.[317] Dabei ist er „absolut wertindifferent"[318]. Der Zufall bezeichnet das Unwahrscheinliche, wobei zu differenzieren ist zwischen kleinen Zufällen, die mit höherer Wahrscheinlichkeit eintreffen, und großen Zufällen, die eine geringere Wahrscheinlichkeit haben.[319] Die Zuordnung eines unerklärlichen Phänomens zum Zufall ermöglicht es, das eigentlich Unfassbare zumindest begrifflich zu fassen und dadurch in einen Sinnzusammenhang einzuordnen.[320]

Der Begriff des Zufalls ist eng verknüpft mit dem der Notwendigkeit: Zum einen steht die Notwendigkeit dem Zufall konträr gegenüber, zum anderen stellt sie aber auch dessen konstitutiven Gegenpart dar, ohne den Zufall nicht denkbar wäre. Etwas kann nur zum Zufall werden, indem es aus dem von einer Ordnung geschaffenen Rahmen fällt – ohne Gesetz kein Regelbruch.[321] Während die Notwendigkeit bestimmt, welche unterschiedlichen Möglichkeiten existieren, wählt der Zufall eine von ihnen aus und kreiert durch ihre Realisierung eine neue Wirklichkeit. Er stellt die Weichen für weitere Möglichkeiten, stets darauf verweisend, dass es auch anders hätte kommen können.[322] Der Mensch kann nur auf die Ebene der Möglichkeiten einwirken, auf die Notwendigkeit und den Zufall hat er keinen Einfluss. Doch auch wenn er Möglichkeiten vorbereitet oder ihre Wahrscheinlichkeit erhöht, ist es trotzdem der Zufall, der gewissermaßen ‚das letzte Wort hat' und über die Realisierung der Möglichkeiten entscheidet.[323]

---

[317] Vgl. Meessen, August: Freiheit, Determinismus und Zufall im Rahmen der klassischen Physik. In: Luyten, Norbert A. (Hrsg.): Zufall, Freiheit, Vorsehung. Freiburg / München 1975, S. 103-123, hier S. 115.; vgl. Althaus, Claudia; Filk, Christian: Lücke im System. Zum Problem des Umgangs mit dem Zufall. In: Wende, Waltraud; Riha, Karl (Hrsg.): Diagonal. Zeitschrift der Universität-Gesamthochschule Siegen. Zum Thema: Zufall. Heft 1. Siegen 1994, S. 13-21, hier S. 13 und S. 17.
[318] Köhler, Erich: Der literarische Zufall, das Mögliche und die Notwendigkeit. München 1973, S. 109.
[319] Vgl. ebd., S. 20; vgl. Nef, Ernst: Der Zufall in der Erzählkunst. Bern / München 1970, S. 110.
[320] Vgl. Althaus und Filk (1994), Lücke im System, a.a.O., S. 13.
[321] Vgl. Nef (1970), Der Zufall in der Erzählkunst, a.a.O., S. 7.
[322] Vgl. Köhler (1973), Der literarische Zufall, a.a.O., S. 14, S. 69, S. 106, S. 136.
[323] Vgl. ebd., S. 113.

Heute ist der Zufall fest in unsere Lebenswelt integriert. Dies war nicht immer so, wie ein historischer Rückblick auf die Auffassung von Zufall zeigen wird. Die mathematische Beschäftigung mit dem Zufall, die Wahrscheinlichkeitsrechnung, hat in der Mathematik eine relativ junge Vergangenheit. In neueren Disziplinen wie den Neurowissenschaften und der Chaostheorie, aber auch in der Quantenmechanik und der Genetik spielt der Zufall eine wichtige Rolle. Inwiefern dabei die Vorstellung vom freien Willen des Menschen angegriffen wird, gilt es herauszuarbeiten. Der Zufall als ästhetisches Prinzip wird abschließend erörtert, sowohl in der Zufallskunst, als auch in der Literatur und im Film.

Der Zufallsbegriff weist eine lange historische Entwicklung auf. In der griechischen Mythologie waltete die Göttin Tyche launisch über den Zufall, bevor es in der Spätantike zu einer Säkularisierung kam und Tyche fortan nur noch für den Zufall stand und keine Göttin mehr bezeichnete.[324] Das Christentum, das wie die meisten Religionen Probleme mit dem Phänomen des Zufalls hatte, hielt sich am Gedanken der Providenz fest, indem es an Stelle des wertindifferenten Zufalls die göttliche Vorsehung setzte.[325] Mit der Aufklärung zu Beginn des 17. Jahrhunderts begann die Emanzipation von Gott und die Providenz wurde abgelehnt.[326] Der Zufall hatte einen doppelten Charakter. Einerseits wurde er als „Zufall der Geburt"[327] bekämpft, andererseits bot er aber auch die Chance auf ein Entkommen aus den unteren sozialen Schichten.[328] Durch neue naturwissenschaftliche Erkenntnisse, vor allem in der Physik im Bereich Ursache und Wirkung, kam es zu einem festen Glauben an Determinismus und Kausalität, dem erst Anfang des 20. Jahrhunderts durch die Quantenmechanik ein Ende gesetzt wurde.[329] Fortan wurde der Zufall nicht mehr als bloße Hilfskonstruktion angesehen, die man einsetzt, weil man noch keine Kenntnis über alle Variablen eines Kausalzusammenhangs besitzt, sondern etablierte sich als objektives Krite-

---

[324] Vgl. ebd., S. 27; vgl. Vogt-Spira, Gregor: Dramaturgie des Zufalls. Tyche und Handeln in der Komödie Menanders. München 1992, S. 2; vgl. Mainzer, Klaus: Der kreative Zufall. Wie das Neue in die Welt kommt. München 2007, S. 20.
[325] Vgl. Köhler (1973), Der literarische Zufall, a.a.O., S. 28.
[326] Vgl. ebd., S. 42-44; vgl. Mundhenke (2008), Zufall und Schicksal – Möglichkeit und Wirklichkeit, a.a.O., S. 27.
[327] Köhler (1973), Der literarische Zufall, a.a.O., S. 42.
[328] Vgl. ebd.
[329] Vgl. ebd., S. 46 und S. 87; vgl. Mainzer (2007), Der kreative Zufall, a.a.O., S. 29.

rium.[330] Der Determinismus wurde als menschliches Bedürfnis nach Einheit entlarvt, welche in der Welt selbst keine Entsprechung hat.[331] Der Zufall fand als eigenständige Größe Einzug in moderne Disziplinen wie die Neurowissenschaften und wurde maßgebend für die Chaostheorie.

Seit Mitte des 17. Jahrhunderts versucht man den Zufall in der Mathematik durch die Wahrscheinlichkeitstheorie zu bändigen. Diese basiert auf Glücksspielrechnungen und wurde von philosophischen Überlegungen zum Zufall angestoßen. Im 20. Jahrhundert wurde sie dann axiomatisch eindeutig bestimmt.[332] Maßgeblich in der Wahrscheinlichkeitsrechnung ist das Gesetz der großen Zahl. Bei einer ausreichend großen Zahl von beobachteten Fällen bzw. wiederholten Zufallsereignissen kann man einen Mittelwert errechnen.[333] Der Graph der Funktion nähert sich einer Normalverteilung an,[334] es ist also eine Gesetzmäßigkeit feststellbar. Der Zufall erweist sich gleichsam als „ein fast zahmer, sich dem Gesetz der großen Zahl unterwerfender Geselle"[335]. Allerdings stellt die Statistik eine Idealisierung dar, da sie von beliebig oft wiederholbaren Ereignissen ausgeht, was faktisch meist unmöglich ist, weshalb ein Induktionsschluss vonnöten ist.[336] Außerdem kann sie zwar bei komplexen Zusammenhängen verwendet werden, ermöglicht aber keine Aussagen über den Einzelfall[337] – dieser bleibt

---

[330] Vgl. Luyten, Norbert, A.: Vorwort. In: Luyten, Norbert A. (Hrsg.): Zufall, Freiheit, Vorsehung. Freiburg / München 1975, S. 5-6, hier S. 5.

[331] Vgl. Mainzer (2007), Der kreative Zufall, a.a.O., S. 227.

[332] Vgl. Woitschach, Max: Läßt sich der Zufall rechnen? Nutzen und Grenzen der Wahrscheinlichkeitsrechung. Stuttgart 1978, S. 7; vgl. Mainzer (2007), Der kreative Zufall, a.a.O., S. 35; Axiome sind „Grundtatsachen […] aus denen alle übrigen Gesetze […] hergeleitet werden" Tarassow, Lew: Wie der Zufall will? Vom Wesen der Wahrscheinlichkeit. Heidelberg / Berlin / Oxford 1993, S. 28.

[333] Vgl. Woitschach (1978), Läßt sich der Zufall rechnen?, a.a.O., S. 16; vgl. Tarasow (1993), Wie der Zufall will?, a.a.O., S. 28; vgl. Reiß, Rolf-Dieter: Ist Zufall berechenbar? In: Wende, Waltraud; Riha, Karl (Hrsg.): Diagonal. Zeitschrift der Universität-Gesamthochschule Siegen. Zum Thema: Zufall. Heft 1. Siegen 1994, S. 127-129, hier S. 128.

[334] Vgl. Woitschach (1978), Läßt sich der Zufall rechnen?, a.a.O., S. 16.

[335] Schiller, Diethard: Der gezähmte Zufall. In: Wende, Waltraud; Riha, Karl (Hrsg.): Diagonal. Zeitschrift der Universität-Gesamthochschule Siegen. Zum Thema: Zufall. Heft 1. Siegen 1994, S. 121-123, hier S. 122.

[336] Vgl. Meessen (1975), Freiheit, Determinismus und Zufall, a.a.O., S. 117.

[337] Vgl. Woitschach (1978), Läßt sich der Zufall rechnen?, a.a.O., S. 16; vgl. Zech, Günter: Zufall und Quantenmechanik. In: Wende, Waltraud; Riha, Karl (Hrsg.): Diagonal. Zeitschrift der Universität-Gesamthochschule Siegen. Zum Thema: Zufall. Heft 1. Siegen 1994, S. 105-108, hier S. 105.

immer noch dem Zufall überlassen. Auch die Vorhersagen, die auf der Wahrscheinlichkeitsrechnung basieren, sind deshalb immer nur eingeschränkt gültig; es gibt für sie keine Garantie.

Die Wahrscheinlichkeitstheorie ist den nomologisch-deterministischen Begründungen entgegengesetzt, weil sie die Welt probabilistisch deutet.[338] Das heutige Weltverständnis ist statistisch und indeterminiert, was sich über den Bereich der Mathematik hinweg auf andere Bereiche erstreckt wie beispielsweise auf Quantenmechanik und Gehirnforschung, aber auch auf Märkte und die Gesellschaft.[339] Die Wahrscheinlichkeitstheorie schloss eine Lücke in der Wirklichkeitsvorstellung der Menschen, indem sie den Zufall begrifflich fassbar machte und dadurch in das System integrierte.[340]

Grundlegend für die binäre Methode in der Informationstheorie ist die Wahl zwischen zwei gleichwahrscheinlichen Ereignissen, also zum Beispiel zwischen „Ja" und „Nein" oder „Null" und „Eins". Hat man acht Ereignisse[341] vorliegen, muss es ausgehend von einer Quelle drei Entscheidungen gegeben haben, bis man am Ende eines Zweiges ankommt,[342] wie das folgende Schaubild verdeutlicht:

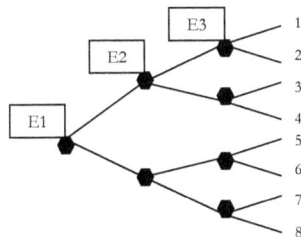

Abbildung 8: Binäre Darstellung von 3 Bit[343]
E = Entscheidung

---

[338] Vgl. Althaus und Filk (1994), Lücke im System, a.a.O., S. 17.
[339] Vgl. Mainzer (2007), Der kreative Zufall, a.a.O., S. 218.
[340] Vgl. Althaus und Filk (1994), Lücke im System, a.a.O., S. 19.
[341] Hier wird der Begriff ‚Ereignis' abweichend zur sonstigen Verwendung im mathematischen bzw. wahrscheinlichkeitstheoretischen Sinn verstanden.
[342] Vgl. Eco, Umberto: Das offene Kunstwerk. Frankfurt a. M. 1977, S. 94-96.
[343] In Anlehnung an ebd., S. 96.

Der Informationsgehalt ergibt sich aus der Anzahl der Binärentscheidungen und wird in Bit (abgleitet von binary digit) angegeben. Er beträgt im vorliegenden Beispiel drei Bit, weil es auf jedem Pfad drei Gabelungen gibt.[344] Auch andere Fachbereiche stützen sich auf die binäre Methode, zum Beispiel die Linguistik und die Neuropsychologie.[345] Sie versuchen Prozesse der Kommunikation durch die Informationstheorie zu erklären. Die Umwelt bietet Signale, die der Interpretation bedürfen, wobei im Normalfall die „gute Gestalt" (vgl. Gestalttheorie in Kapitel 3.3) wahrgenommen wird bzw. das, was die wenigsten Entscheidungen erfordert und am häufigsten vorkommt.[346] Das auf Mustererkennung ausgerichtete Gehirn lernt gleichsam die statistische Wahrscheinlichkeit von Vorkommnissen und kann somit bei der Mustererkennung ökonomischer arbeiten. In Bezug auf Kommunikationsvorgänge bedeutet Information nicht das, was gesagt wird, sondern das, was gesagt werden kann. Je mehr Verzweigungen es gibt, das heißt je größer der Entscheidungsbaum, desto höher demnach die Anzahl der Bit und damit der Informationsgehalt. Das „Maß für die Wahlmöglichkeiten bei der Auswahl einer Botschaft"[347] muss also berücksichtigt werden.

Generell kann Information definiert werden als „der Wert der Gleichwahrscheinlichkeit von vielen kombinierbaren Elementen"[348]. Je mehr Möglichkeiten es gibt, desto unsicherer ist es, welcher Ausgang gewählt wird und desto mehr Information gibt es. Umberto Eco, Philosoph, Medienwissenschaftler und Romanautor aus Italien, nennt als Beispiel eine Kriminalgeschichte, bei der die Unsicherheit darüber, wer der Mörder ist, steigt, je mehr Verdächtige eingeführt werden. Eine Übertragung der Informationstheorie auf andere Bereiche ist schwierig, weil im Normalfall mehr als zwei Entscheidungsmöglichkeiten bestehen, welche außerdem oft nicht gleichwahrscheinlich sind. Letzteres kann durch einen Kodex korrigiert werden, so dass man auch unterschiedlichen Wahrscheinlichkeiten gerecht wird. Der Kodex zeigt an, welche möglichen Kombinationsmöglichkeiten es gibt und weist diesen unterschiedliche Wahrscheinlichkeiten zu.[349]

Die binäre Methode kann auf die Erzählstruktur eines Filmes Einfluss nehmen. Die ereignisbasierten Variantenfilme SMOKING / NO SMOKING,

---

[344] Vgl. ebd., S. 97; vgl. Mainzer (2007), Der kreative Zufall, a.a.O., S. 56.
[345] Vgl. Eco (1977), Das offene Kunstwerk, a.a.O., S. 95.
[346] Vgl. ebd., S. 150.
[347] Ebd., S. 98. Hervorhebung des Originals entfernt.
[348] Ebd., S. 99.
[349] Vgl. ebd., S. 99-105.

PRZYPADEK, SLIDING DOORS, DRIFT und LOLA RENNT haben sich das binäre Prinzip zu eigen gemacht. Diese Filme bieten eine „philosophische Reflexion über die Möglichkeiten einer Situation und der Rolle des Individuums bei der Handhabung der ‚binary digits'"[350], indem sie die Schaltstellen und Entscheidungspunkte, die als Ursprung unterschiedlicher Entwicklungen fungieren, aufzeigen. Die Filme SMOKING / NO SMOKING sind besonders an die binäre Struktur angelehnt, sie bieten insgesamt zwölf Ausgänge an.

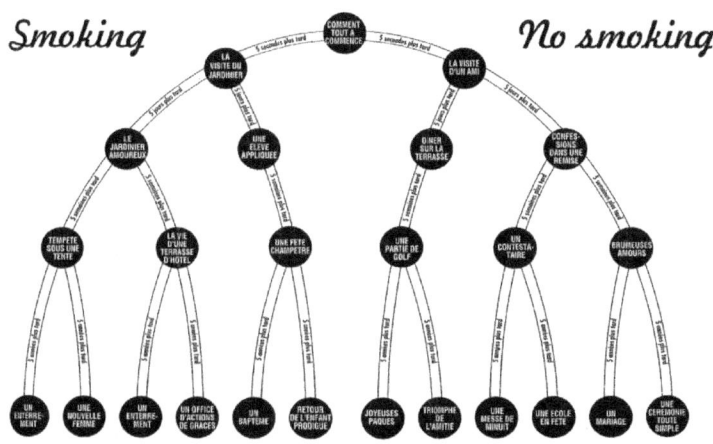

Abbildung 9: Binäre Darstellung von SMOKING / NO SMOKING.[351]

Anfang des 20. Jahrhunderts entdeckte man in der Quantenmechanik, dass kleine Teilchen sich zufällig verändern, was zu einem neuen, indeterministischen Weltbild führte.[352] Der Zufall stellt in der Quantenphysik ein allumfassendes Prinzip dar und steht somit der grundsätzlich als geordnet erscheinenden makroskopischen Welt entgegen, obwohl diese ebenso aus kleinen Einheiten besteht. Die Schwankungen im mikroskopischen Bereich gleichen sich jedoch in ihrer Gesamtheit aus, welche deshalb durch eine determinierte Verteilungsfunktion beschrieben werden kann.[353] Ein Beispiel für Zufall im Gebiet der Quanten ist die Halbwertszeit von zerfallenden Atomen. Obwohl man die Halbwertszeit

---

[350] Mundhenke (2008), Zufall und Schicksal – Möglichkeit und Wirklichkeit, a.a.O., S. 45.
[351] Jousse, Thierry; Neves, Camille: Entretien avec Alain Resnais. In: Cahiers du cinéma, Dezember 1993, Nr. 474, S. 22-29, hier S. 25.
[352] Vgl. Mainzer (2007), Der kreative Zufall, a.a.O., S. 35 und S. 87.
[353] Vgl. Zech (1994), Zufall und Quantenmechanik, a.a.O., S. 108.

kennt, kann keinerlei Aussage darüber getroffen werden, wann genau der einzelne Kern zerfällt.[354] Im Bereich dieser Phasenübergänge ist der Zufall deshalb außerordentlich wichtig.

Auch in den Neurowissenschaften spielt der Zufall eine Rolle. Im menschlichen Gehirn gibt es ein ständiges Zufallsrauschen feuernder Nervenzellen.[355] In diesem komplexen, nonlinearen System sind Phasenübergänge ebenfalls von besonderer Bedeutung:

> Da unsere ganze Nervenaktivität von Impulsen getragen wird, deren Auslösung oder Nichtauslösung vom Überschreiten einer gewissen Schwelle abhängt, können auch kleine quantenmechanisch gesteuerte Ursachen eventuell große Wirkungen auslösen.[356]

Blitzartige Einfälle, die Unvorhersehbarkeit des Menschen und auch seine Individualität liegen hierin begründet.[357]

Aus Sicht der Genetik ist der Mensch aus einer Reihe von Zufällen entstanden. Die ersten Verbindungen von Molekülen entstanden zufällig – es war nicht zwingend notwendig, dass sie sich irgendwann zur DNS-Struktur formierten.[358] Die Evolution kann zum einen als gerichtet angesehen werden, da bestimmte Gesetze gelten. So ist es unentbehrlich zur Erhaltung der Art, dass der genetische Code exakt übergeben wird. Hintereinandergeschaltete Korrekturmechanismen senken die Fehlerquote auf eins zu einer Milliarde.[359] Andererseits kann man die Evolution aber auch als „stochastisch wild wuchernde[n] Busch"[360] beschreiben, dessen Äste zufällig entstehen. Wege werden ausprobiert und fortgesetzt oder aber abgebrochen. Hier sind es ebenfalls die Verzweigungsstellen, bei denen der Zufall eine besonders wichtige Rolle spielt. Zwar ist eine genaue Codeweitergabe unabdingbar, aber ohne zufällige Änderungen kann eine Art ebenfalls nicht überleben, da sie sich veränderten Umweltbedingungen nicht anpassen

---

[354] Vgl. Schiller D. (1994), Der gezähmte Zufall, a.a.O., S. 123.
[355] Vgl. Mainzer (2007), Der kreative Zufall, a.a.O., S. 17.
[356] Meessen (1975), Freiheit, Determinismus und Zufall, a.a.O., S. 106.
[357] Vgl. Mainzer (2007), Der kreative Zufall, a.a.O., S. 11 und S. 228.
[358] Vgl. ebd., S. 17.
[359] Vgl. Luyten, Norbert A.: Das Kontingenzproblem. Das Zufällige und das Einmalige in philosophischer Sicht. In: Luyten, Norbert A. (Hrsg.): Zufall, Freiheit, Vorsehung. Freiburg / München 1975, S. 47-64, hier S. 60f.; vgl. Schiller, Hilmar: Der Kampf gegen den Zufall – Fehlerkorrektur in der Genetik. In: Wende, Waltraud; Riha, Karl (Hrsg.): Diagonal. Zeitschrift der Universität-Gesamthochschule Siegen. Zum Thema: Zufall, Heft 1. Siegen 1994, S. 115-120, hier S. 115 und S. 117.
[360] Mainzer (2007), Der kreative Zufall, a.a.O., S. 223.

könnte. Diese Mutationen erklären nicht nur, dass überhaupt verschiedene Arten von Lebewesen entstehen konnten, sondern sie ermöglichen auch eine Weiterentwicklung und verbesserte Anpassung. Bei günstigen Bedingungen sind Mutationen eher hinderlich, weil bereits eine gute Anpassung stattgefunden hat, bei schlechten hingegen ist eine große Mutationsrate zum Überleben der Art notwendig.[361] Bereits um 1900 machte der französische Mathematiker und Physiker Henri Poincaré die Entdeckung, dass „der Fall eintreten [kann], daß kleine Unterschiede in den Anfangsbedingungen große Unterschiede in den späteren Erscheinungen bedingen [...] Die Voraussage wird unmöglich und wir haben eine ‚zufällige Erscheinung'".[362]

Mit diesem Phänomen wurde auch der US-amerikanische Meteorologe Edward Lorenz konfrontiert, als er Anfang der 1960er Jahre versuchte eine Rechnung erneut durchzuführen (Iteration), allerdings dieses Mal mit einer gerundeten Zahl. Er fand heraus, dass sich die Abweichung vervielfacht und er als Ergebnis zwei völlig unterschiedliche Wettervorhersagen herausbekommt.[363] Diese „Anfangswertsensibilität" wird auch anschaulich „Schmetterlingseffekt"[364] genannt, Bezug nehmend auf die Annahme, der Flügelschlag eines Schmetterlings in Stockholm könne das Wetter in Hongkong verändern. Interessant ist die Ähnlichkeit, die das mathematische Verfahren der Iteration, also der „wiederholte[n] Anwendung einer Formel auf einen gewissen Anfangswert"[365], mit der Struktur der Variantenfilme hat. Auch in den ereignisbasierten Variantenfilmen wird ausgehend vom gleichen Anfangspunkt eine Situation wiederholt. Auf LOLA RENNT lässt sich diese Analogie besonders gut übertragen, da die Episoden des Films viele Schnittstellen aufweisen, die gleichsam als ein neues Ansetzen der Formel und damit als erneuter Iterationsschritt angesehen werden können.

---

[361] Vgl. Schiller H. (1994), Fehlerkorrektur in der Genetik, a.a.O., S. 119.
[362] Poincaré, Henri: Wissenschaft und Methode. Leipzig / Berlin 1914, S. 57.
[363] Vgl. Briggs, John; Peat, David F.: Die Entdeckung des Chaos. Eine Reise durch die Chaos-Theorie. München / Wien 1990, S. 96; vgl. auch Breuer, Reinhard: Am Rande des Chaos. Einleitung in ein unordentliches Thema. In: Breuer, Reinhard (Hrsg.): Der Flügelschlag des Schmetterlings. Ein neues Weltbild durch die Chaosforschung. Herne 1993, S. 11-22, hier S. 13.
[364] Bartmann, Hermann: Chaos und Wirtschaft. In: Fachbereich Musik der Johannes Gutenberg-Universität Mainz (Hrsg.): Chaos und Zufall. Interdisziplinäres Forum mit Vorträgen, Diskussionen und Musik. 28./29. Januar 1993. Kongressdokument. Mainz 1994, S. 37-52, hier S. 37.
[365] Drösser, Christoph: Fraktale – eine Mathematik komplexer Strukturen. In: Breuer, Reinhard (Hrsg.): Der Flügelschlag des Schmetterlings. Ein neues Weltbild durch die Chaosforschung. Herne 1993, S. 51-67, hier S. 60.

Der im Hinblick auf Chaostheorie und Schmetterlingseffekt verwendete Begriff „deterministisches Chaos"[366] erscheint zunächst paradox, da er zwei gegensätzliche Prinzipien vereint, das des Chaos und das des Determinismus. Er ist dadurch zu erklären, dass nichtlineare Systeme ein chaotisches Verhalten zeigen können, wenn es bei ähnlichen Ursachen zu gänzlich verschiedenen Wirkungen kommt, obwohl die zugrunde liegenden Differentialgleichungen eine strenge Determination aufweisen.[367] Dabei werden die Störungen um ein Vielfaches verstärkt und führen dadurch zu einem „chaotische[n], von einem rein zufälligen nicht zu unterscheidende[n] Verhalten"[368].

Die täglichen Erfahrungen legen nahe, dass der Mensch einerseits handelnd Einfluss auf sein Leben nehmen und die Wirklichkeit verändern kann, andererseits aber auch Beschränkungen seines Wirkungskreises erfährt und bestimmte Sachverhalte und Situationen hinnehmen muss.[369] Er kann zwar Wahrscheinlichkeiten erhöhen, aber der Zufall kann ihm stets einen Strich durch die Rechnung machen. Die Voraussetzung zur Freiheit ist es, dass verschiedene Wahlmöglichkeiten existieren, deren Ausgang noch offen ist. Freie Entscheidungen bauen nicht auf einem Zustand der Anarchie auf, sondern – im Gegenteil – auf festen Regeln.[370]

Viele Neurowissenschaftler*innen haben in Experimenten zum freien Willen die zeitliche Relation bestimmt von motorischen Reaktionen und der Bewusstwerdung der Entscheidung, die zu diesen motorischen Reaktionen führen. Besonders bekannt ist ein Experiment des Physiologen Benjamin Libet aus den späten 1970er Jahren. Er fand heraus, dass der motorische Cortex eine Entscheidung bereits vorbereitet, *bevor* diese ins Bewusstsein dringt. Trotz methodischer und struktureller Mängel hat dieses Experiment große Aufmerksamkeit erregt, da Libet daraus folgerte, dass es keine Willensfreiheit gäbe. In einem Folgeversuch hat der Kognitionsforscher John-Dylan Haynes vor kurzem eine ähnli-

---

[366] Schiller D. (1994), Der gezähmte Zufall, a.a.O., S. 122.
[367] Vgl. Schiller D. (1994), Der gezähmte Zufall, a.a.O., S. 122f.; vgl. auch Röschke, Joachim et al.: Ein nichtlinearer Ansatz zur Analyse dynamischer Systeme: Deterministisches Chaos und SchlafEEG bei psychiatrischen Erkrankungen. In: Fachbereich Musik der Johannes Gutenberg-Universität Mainz (Hrsg.): Chaos und Zufall. Interdisziplinäres Forum mit Vorträgen, Diskussionen und Musik. 28./29. Januar 1993. Kongressdokument. Mainz 1994, S. 53-74, hier S. 53.
[368] Schiller D. (1994), Der gezähmte Zufall, a.a.O., S. 122.
[369] Vgl. Meessen (1975), Freiheit, Determinismus und Zufall, a.a.O., S. 106.
[370] Vgl. Luyten (1975), Das Kontingenzproblem, a.a.O., S. 57f.

che Fragestellung überprüft. Proband*innen durften frei entscheiden, wann sie einen Knopf mit der linken oder rechten Hand drücken. Es vergingen circa zehn Sekunden von dem Zeitpunkt an, als die Entscheidung im motorischen Cortex sichtbar wurde, bis sie die Versuchsperson bewusst wahrnahm. Haynes entkräftet den Rückschluss auf fehlende Selbstbestimmung jedoch damit, dass es unser Gehirn sei, das die Entscheidung treffe und damit auch unser Wille.[371] Außerdem verweist er darauf, dass es sich bei dem Experiment nicht um komplexe, sondern um einfache motorische Entscheidungen handle, die dabei helfen, „die unbewussten Verarbeitungsprozesse meines Gehirns" zu vollbringen, „indem sie mir eine ganze Menge von Alltagsentscheidungen und -prozessen abnehmen, ohne dass ich groß darüber nachdenken muss"[372]. Die neurowissenschaftlichen Befunde sprechen also nicht grundsätzlich, wie oft fälschlicherweise angenommen, gegen die menschliche Willens- und Entscheidungsfreiheit.

Zufall als eigenständiges Stilprinzip gibt es erst seit Beginn des 20. Jahrhunderts.[373] Zufallskunst im Sinne von einer „vom Zufall gesteuerten Kunst"[374] will das Unterbewusstsein in den künstlerischen Vorgang integrieren und das Bewusstsein dabei ausschließen.[375] Es geht darum, das Unkalkulierbare und Beiläufige zuzulassen und damit ein Eindringen des Lebens in das Kunstwerk zu ermöglichen. Die Zufallskunst fand Anwendung im Dadaismus und Surrealismus, aber auch in Jackson Pollocks „Action Paintings" und den „Happenings" der 1960er Jahre. Heute ist sie beispielsweise in der Computerkunst zu finden.[376]

In der Literatur stellen Zufälle, die nicht erklärt bzw. inhaltlich motiviert werden, bis zum 18. Jahrhundert kein Problem dar.[377] Wie im Märchen konnten auf intradiegetischer Ebene benötigte Figuren, Umstände oder Gegenstände stets

---

[371] Vgl. John-Dylan Haynes im Interview mit Carolin Sprenger und Jeanne Gevorkian: Hirngespinst Willensfreiheit. Wie determiniert ist der Mensch wirklich? In: Gehirn und Geist. http://www.gehirn-und-geist.de/artikel/968930. Zugriff am 30.07.2015.
[372] Ebd.
[373] Vgl. Mundhenke (2008), Zufall und Schicksal – Möglichkeit und Wirklichkeit, a.a.O., S. 25.
[374] Mengden, Lida v.: Zufall als Prinzip oder: Die Kunst verläßt den geschlossenen Raum. In: Wende, Waltraud; Riha, Karl (Hrsg.): Diagonal. Zeitschrift der Universität-Gesamthochschule Siegen. Zum Thema: Zufall. Heft 1. Siegen 1994, S. 143-162, hier S. 143.
[375] Vgl. ebd., S. 148.
[376] Vgl. ebd., S. 143 und S. 151-154.
[377] Vgl. Nef (1970), Der Zufall in der Erzählkunst, a.a.O., S. 16.

verfügbar sein, ohne dass es einer Reflektion des Zusammenhangs des Zufalls bedurft hätte. Im 19. Jahrhundert, zum Beispiel in Joseph von Eichendorffs Werk, änderte sich dies. Der Zufall wurde metaphysisch, erschien als Produkt einer höheren Macht. Dabei offenbarte sich im Netz der Verstrickungen eine hinter den Dingen liegende Ordnung.[378] Im 20. Jahrhundert gab es eine Offenheit gegenüber dem Prinzip Zufall. Neue literarische Formen kamen auf wie Zitat-Collagen und -Montagen. Ein weiteres Beispiel für literarische Zufallskunst ist die „Komposition Nr. 1" (1962) von Marc Saporta, bei dem die Leser*innen die losen Seiten eines Buches selbst mischen sollen.[379]

Im Laufe der Jahrhunderte hat sich die Rolle des Zufalls in traditionellen Erzählungen gewandelt. Der Zufall wurde säkularisiert und wertindifferent. Diese Entwicklung zeigt Ernst Nef anhand der Werke einiger bedeutender Autor*innen auf – von Francois Marie Arouet Voltaire bis Alfred Döblin. Bei Voltaire und Eichendorff waren es noch große, unwahrscheinliche Zufälle, die das Geschehen bestimmten, bei Döblin hingegen ist es der kleine, ergo wahrscheinliche Zufall, der allerdings schwere Folgen hat und trotzdem keiner geheimen Ordnung mehr gehorcht. Es ist nicht mehr der Zufall, der im Vordergrund steht, sondern sein Missverhältnis zu den von ihm ausgelösten Folgen.[380] Die Notwendigkeit ist abhanden gekommen, der Zufall ist letztinstanzlich und absolut; es ist „der Zufall einer sich selbst überlassenen, säkularisierten Welt"[381].

Anhand von „Berlin Alexanderplatz" lässt sich exemplarisch die neue Auffassung des Zufalls aufzeigen. Dabei gibt es durchaus Parallelen von Döblins Roman zu LOLA RENNT. Nicht nur der Schauplatz ist derselbe – Berlin –, sondern beide Werke thematisieren auch die „potentiell unendliche Fülle des Möglichen in der Großstadt"[382], in der „viele Schicksale durcheinander laufen, sich Zufallsbegegnungen ereignen, die Vielfalt der Orte auch jeweils unterschiedliche Konflikte und Genres situieren lässt"[383].

---

[378] Vgl. ebd., S. 35-39 und S. 72.
[379] Vgl. Riha, Karl: Literatur und Zufall. In: Wende, Waltraud; Riha, Karl (Hrsg.): Diagonal. Zeitschrift der Universität-Gesamthochschule Siegen. Zum Thema: Zufall. Heft 1. Siegen 1994, S. 53-67, hier S. 60-63.
[380] Vgl. Nef (1970), Der Zufall in der Erzählkunst, a.a.O., S. 109f.
[381] Ebd., S. 110.
[382] Köhler (1973), Der literarische Zufall, a.a.O., S. 53.
[383] Koebner, Thomas: Im Niemandsland. Der deutsche Film lebt, aber das Publikum will nicht viel von ihm wissen – Eine Bestandsaufnahme. In: Film-dienst. 2000, Heft 1, S. 6-11, hier S. 7.

In „Berlin Alexanderplatz" gibt es keine höhere Ordnung mehr; die einzelnen Schicksale sind – wie in episodisch erzählten Filmen (zum Beispiel MAGNOLIA – Anderson 1999) – in einem unauflöslichen Netz miteinander verschlungen.[384] Am Rande tauchen Geschichten von Nebenfiguren auf, die sich mit dem Protagonisten Franz Biberkopf lediglich im gleichen Raum zur gleichen Zeit aufhalten. Der Zufall hat seinen Charakter hier soweit verändert, dass Ernst Nef mit seiner Definition des erzählerischen Zufalls scheitert, welche die Konsequenzen des Zufalls für den weiteren Handlungsverlauf als zwingende Voraussetzung impliziert.[385] In „Berlin Alexanderplatz" muss der Zufall keine Folgen mehr haben, die Seitengeschichten „nehmen der Hauptgeschichte ihre Selbstständigkeit, enthüllen ihre Partikularität, von der aus sich keine Totalität erobern läßt"[386]. Alles zerfließt im gleichmäßigen Nebeneinander unzähliger Geschicke, deren Wege sich kreuzen können oder auch nicht, ganz wie der Zufall es will, ohne sinnstiftende Ordnung. Problematisch wird in diesem Zusammenhang auch das Konzept der Protagonist*in an sich. Denn wo alles zufällig ist, erscheint es als Widerspruch, die Geschichte einer Person zu erzählen und eine bestimmte Figur herauszugreifen.[387] Das wird durch die angerissenen Geschicke der Nebenfiguren aufzuheben versucht, sowohl in „Berlin Alexanderplatz" als auch in LOLA RENNT. Dazu äußert sich Tom Tykwer wie folgt:

> LOLA RENNT betont von Anfang an, daß es ein Zufall ist, daß ausgerechnet Lolas Geschichte erzählt wird. Sie wird aus einer Menschenmenge herausgegriffen - und wir hätten auch die Geschichte von jemand anderem erzählen können. Von Herrn Meier, Frau Hansen, Herrn Schuster […].[388]

Was Karl Gutzkow, Autor und Kritiker, Ende des 19. Jahrhunderts für den Roman konstatiert gilt auch für den Variantenfilm: Es kommt zu einem Wechsel von einem Nacheinander von Begebenheiten zu einem Nebeneinander von Geschichten.[389] Auch wenn Nef Gutzkows Fähigkeiten als Autor in Frage stellt, erkennt er doch an, dass dieser bereits das „Problem der Darstellbarkeit von Totalität im Zusammenhang mit Fragen der Erzähltechnik"[390] erkannt habe. Nach Nef geht dem Zufall in der modernen, Offenheit und Fragmentarisierung

---

[384] Vgl. Nef (1970), Der Zufall in der Erzählkunst, a.a.O., S. 99.
[385] Vgl. ebd., S. 105.
[386] Ebd., S. 106.
[387] Vgl. ebd., S. 110f.
[388] Tom Tykwer im Interview: Anything Runs. Berlin 2004. http://www.tomtykwer.com/de/Filmographie/Lola-rennt/Entstehung. Zugriff am 30.07.2015.
[389] Vgl. Gutzkow, Karl: Die Ritter vom Geiste, 1.Band. Leipzig ⁴1865, S. IXf.
[390] Nef (1970), Der Zufall in der Erzählkunst, a.a.O., S. 115.

betreibenden Erzählkunst der Bezugspunkt verloren, denn hier wird das Regelwerk, auf das er gerichtet war, für nichtig erklärt.[391] Dem entgegen kann man davon ausgehen, dass der Zufall eine neue Dimension erreicht hat, genauso wie sich das Weltverständnis geändert hat. Früher, als der Determinismus noch das beherrschende Paradigma war, bezog der Zufall sich auf dessen Gesetze. Heute, im Zeitalter des determinierten Chaos, wird der Zufall selbst propagiert, als ein Mitstreiter im Wechselspiel zwischen Ordnung und Chaos.

Abschließend gilt es noch anzumerken, dass es ein Genre gibt, in dem der Zufall seit jeher einen festen Platz hatte: die Komödien bzw. weiter gefasst Geschichten mit Happy End. Hier gibt es nach der anfänglichen, durch Zufälle ausgelösten Verwirrung stets eine glückliche Wendung, eine Lösung, die die Ordnung der Welt wiederherstellt und bestätigt.[392] SLIDING DOORS zeigt eine interessante Version dieser zufallsorientierten Happy End-Geschichten,[393] indem der Zufall zum Ausgangspunkt der Struktur des gesamten Films wird. Immer wieder werden die zwei unterschiedlichen Lebensentwürfe der Protagonistin gegeneinander geschnitten. Durch diese Verquickung der beiden Handlungsstränge „liegen die beiden Ebenen – wie in einem Möglichkeitsraum – haarscharf nebeneinander"[394] und bilden quasi Parallelwelten. Ein weiteres Beispiel für einen Film, der die Parallelwelten auch intradiegetisch einbindet, ist SIWORAE (Lee 2000), in welchem zwei Menschen, die in unterschiedlichen Jahren leben, über einen Briefkasten miteinander kommunizieren.

Lange Zeit war der Zufall im Film im Gegensatz zur Literatur nicht zur Ablehnung einer Handlung an sich eingesetzt worden. Eco sieht den Grund hierfür in der Aufgabe des Films, dem Bedürfnis der Gesellschaft nach traditionellen Erzählungen nachzukommen. Als Beispiel für ein erstes Durchbrechen dieser Konventionen nennt Eco L'AVVENTURA von Michelangelo Antonioni (1960), in welchem ein Grundgefühl der Unsicherheit durch eine exakte Planung des Einsatzes des Zufalls auf der Erzählebene auf die Zuschauer*innen übertragen werden soll.[395] Im Gegensatz zur Zufallskunst setzen Spielfilme also den Zufall nicht auf der Produktionsebene ein, sondern versuchen ihn intradiegetisch zu vermit-

---

[391] Vgl. ebd., S. 116.
[392] Vgl. ebd., S. 25f.
[393] Da der Film zwei unterschiedliche Lebensentwürfe entwickelt, gibt es auch zwei Ausgänge, von denen nur einer positiv ist.
[394] Mundhenke (2008), Zufall und Schicksal – Möglichkeit und Wirklichkeit, a.a.O., S. 51.
[395] Vgl. Eco (1977), Das offene Kunstwerk, a.a.O., S. 201-203.

teln. Der Zufall wird instrumentalisiert, um eine bestimmte Botschaft zu überbringen.[396] Er fungiert hier nicht als eigenes Stilprinzip, sondern wird reflektiert auf den Film übertragen. Das, was dem Publikum möglicherweise offen erscheint, ist in Wirklichkeit Produkt sorgfältiger Planung auf Seiten der Filmemacher*innen.[397]

Florian Mundhenke hat sich dem Thema „Zufall und Schicksal – Möglichkeit und Wirklichkeit" in seiner gleichnamigen Dissertation gewidmet. Er unterscheidet vier Formen von Filmen, die sich mit Zufall befassen.[398] Der „filmische Reigen"[399] (beispielsweise MAGNOLIA und SHORT CUTS – Altman 1993) spannt durch Zufallsbegegnungen ein Netz der Verbundenheit zwischen den Protagonist*innen und erinnert deshalb an Eichendorffs Romane und die literarischen Werke über Zufall im 19. Jahrhundert. Allerdings handeln diese Filme laut Mundhenke von der prinzipiellen Offenheit des Lebens im Gegensatz zur metaphysischen Implikation in der Literatur.[400] Übersinnliche Anklänge finden sich dafür in der zweiten Gruppe, die versucht, die „in der Wirklichkeit nicht konkret erfassbaren Auswirkungen der Dramaturgie des Zufalls zu deuten und sinnhaft im Handlungsgefüge zu verorten"[401] wie zum Beispiel in LOS AMANTES DEL CIRCULO POLAR (Medem 1998). Die dritte Gruppe stellt Mundhenke gegen diese ganzheitliche Konzeption, da sie die Isolation des Menschen in der heutigen Umbruchsgesellschaft betont und den Zufall als „Potential zur Rückgewinnung des Lebensraumes"[402] einsetzt. Als Beispiele analysiert er CHUNGKING EXPRESS (Wong 1994) und AMORES PERROS (Iñárritu 2000). Die letzte Gruppe bildet der „Entweder-Oder-Film"[403]. Darunter versteht er Filme, bei denen eine Geschichte ausgehend vom gleichen Anfangspunkt auf unterschiedliche Weise erzählt wird. Die Protagonist*innen erinnern hier an Proband*innen in einer Versuchsanordnung. Die Aufteilung in einzelne Episoden erschwert eine differenzierte Entwicklung der Figuren, was wiederum eine emotionale Identifikation der Zuschauer*innen mit den Protagonist*innen beeinträchtigt. Entweder-Oder-Filme brechen das lineare Handlungsgefüge auf und setzen einen Akzent auf die Ent-

---

[396] Vgl. ebd., S. 203.
[397] Vgl. Mundhenke (2008), Zufall und Schicksal – Möglichkeit und Wirklichkeit, a.a.O., S. 35.
[398] Vgl. ebd., S. 17.
[399] Ebd. Hervorhebung des Originals entfernt.
[400] Vgl. ebd.
[401] Ebd.
[402] Ebd. Hervorhebung des Originals entfernt.
[403] Ebd., S. 42. Hervorhebung des Originals entfernt.

scheidungssituationen und Schaltstellen. Von diesen aus entwickeln sich unter Einwirkung des Zufalls mindestens zwei unterschiedliche Handlungsstränge.[404] Dadurch wird zum einen der Einfluss herausgestellt, den eine – manchmal auch nur kleine – Entscheidung haben kann, was an den Schmetterlingseffekt erinnert, und zum anderen wird auf das vorhandene „Möglichkeitsfeld"[405] verwiesen entsprechend der binären Methode mit ihren Gabelungen. Die letzte genannte Gruppe ist für diese Arbeit am bedeutendsten, da es sich dabei um ereignisbasierte Variantenfilme handelt. Die anderen genannten Kategorien beschäftigen sich zwar mit Zufall, sind aber keine Variantenfilme.

Der Semiotiker Roland Barthes hat sich ebenfalls mit den filmischen Schaltstellen beschäftigt, welche er als „Kardinalfunktionen (oder Kerne)"[406] bezeichnet. Er grenzt diese von den „Katalysen" ab, die im Gegensatz zu den Kardinalfunktionen keinen Einfluss auf das folgende Geschehen haben und keine „Alternative[n] eröffne[n]"[407]. Sie sollen lediglich den Erzählraum zwischen diesen füllen. Barthes bezieht sich bei seinen Überlegungen auf klassische Erzählungen.[408] Die Kardinalfunktionen symbolisieren für ihn zwar die Möglichkeit der alternativen Entwicklung, diese wird jedoch nicht umgesetzt – so wie in den Entweder-Oder-Filmen. Barthes Ziel ist es, genau wie das der Entweder-Oder-Filme, die Konstruktion der Narration offenzulegen.[409] In dem Film DER FELSEN (Graf 2002) werden die Kardinalfunktionen immer wieder durch die Stimme einer Erzählerin betont. Die Erzählerin deutet auf die unterschiedlichen Entwicklungen hin, die möglich sind, je nachdem wie die Protagonistin Katrin sich entscheidet, zum Beispiel wenn sie mit dem Auto ihrem jungen Verehrer Malte folgt: „Sie [Katrin] hat zwei Möglichkeiten: nach Calvi oder auf der Küstenstraße nach Lumio. Wenn sie den falschen Weg nimmt, könnte die Geschichte zwischen ihr und dem Jungen hier schon zu Ende sein" (37'55).

Der Entweder-Oder-Film kann als Untergruppe der ereignisbasierten Variantenfilme bezeichnet werden. Die ereignisbasierten Variantenfilme bezeichnen nicht nur Filme, die „verschiedene Lebensentwürfe für ein und dieselbe Person erzählen", sondern auch solche, in welchen „ein und derselbe Tag mehrfach er-

---

[404] Vgl. ebd., S. 17.
[405] Eco (1977), Das offene Kunstwerk, a.a.O., S. 90.
[406] Barthes, Roland: Das semiologische Abenteuer. Frankfurt a. M. 1988, S. 112. Hervorhebung des Originals entfernt.
[407] Ebd., S. 112f. Hervorhebung des Originals entfernt.
[408] Vgl. ebd., S. 102 und S. 112.
[409] Vgl. Mundhenke (2008), Zufall und Schicksal – Möglichkeit und Wirklichkeit, a.a.O., S. 46f.

lebt wird"⁴¹⁰ wie in einer Zeitschleife. Alle diese Filme „[ziehen] ihren Reiz aus dem Spannungsfeld zwischen Repetition und Variation, zwischen Bekanntem und Neuen, zwischen Erfüllung der Erwartung der Zuschauer*innen und Konfrontation mit dem Unerwarteten"⁴¹¹. Die Filmwissenschaftlerin und Produzentin Ursula Vossen, die sich mit „Wiederholungen und Zeitschleifen des Spielfilms"⁴¹² beschäftigt hat, fasst diese Filme unter dem Begriff „kinematografische[r] Conditionales"⁴¹³ zusammen, was als Synonym für den hier gebrauchten Ausdruck des ereignisbasierten Variantenfilms angesehen werden kann.⁴¹⁴ Es stellt sich die Frage, ob der Zufall in den Zeitschleifenfilmen ebenfalls eine wichtige Rolle spielt. Beispiele für solche Filme sind GROUNDHOG DAY, 12:01 und THE MAN WITH RAIN IN HIS SHOES. Hier steht im Gegensatz zum Entweder-Oder-Film die Entwicklung der Protagonist*in im Vordergrund, die sich ihres Zeitgefängnisses bewusst ist und folglich aus ihren Fehlern lernen und ein besserer Mensch werden kann. Vossen sieht hier deshalb auch ein filmisches Äquivalent zum Bildungs- und Erziehungsroman.⁴¹⁵ Der Zufall spielt in den Filmen eine Rolle, in welchen die Zeitschleife nicht intradiegetisch erklärt wird, also scheinbar zufällig passiert. Jedoch verweist der Einsatz des Zufalls als Erziehungsmaßnahme durchaus auf das Wirken einer höheren Macht, die den unreifen Protagonist*innen Strafunterricht erteilt, bis sie ihre Lektion gelernt haben. Auffallend ist, dass der Zufall durch die Wiederholung nicht mehr als solcher empfunden wird, da seine Wahrscheinlichkeit steigt. Ein Beispiel aus GROUNDHOG DAY verdeutlicht dies. Im ersten Durchlauf erscheint es noch als Zufall, wenn Phil seinem ehemaligen Schulkollegen Ned Ryerson begegnet, denn diesem Ereignis weist man einen geringen Wahrscheinlichkeitsfaktor zu. Wenn Phil ihn erneut trifft, weiß man jedoch bereits, dass er sich auch in Punxatawny aufhält, sein Auftritt stellt keine Überraschung mehr da, das Zufällige, das der Situation zuvor innewohnte, ist verloren gegangen. Möglicherweise zeichnet sich in GROUNDHOG DAY ein obsoletes Weltbild ab, denn es geht um kausale Gefüge, die beherrschbar werden, je mehr Wissen man ansammelt. Wie bereits ange-

---

[410] Vossen, Ursula: Die zweite Chance. Wiederholungen und Zeitschleifen im Spielfilm. In: Jürgen, Felix et al. (Hrsg.): Die Wiederholung. Marburg 2001, S. 461-478, hier S. 463.
[411] Ebd., S. 462.
[412] Ebd., S. 461.
[413] Ebd., S. 463.
[414] Einschränkend wird darauf verwiesen, dass man im Einzelfall untersuchen müsste, ob alle Filme, die Vossen zu der Gruppe des filmischen Conditionales zählt, wirklich ereignisbasierte Variantenfilme sind.
[415] Vgl. Vossen (2001), Die zweite Chance, a.a.O., S. 468.

sprochen, ist der Zufall hier trotzdem metaphysisch aufgeladen, da Phil durch ihn dazu gebracht wird, sich zu bessern. Der Zufall ist also nicht wertindifferent, sondern genügt einer höheren Ordnung, indem er Sinn stiftet.

Laut Vossen zeigt der filmische Conditionalis bzw. im hier verwendeten Sprachgebrauch der ereignisbasierte Variantenfilm, dass

> der Mensch für sein Schicksal selbst verantwortlich ist, es durch sein Handeln beeinflussen und ihm durch noch so winzige Aktionen eine völlig andere Richtung zu geben vermag. Im Kino bekommen wir diese Gestaltungsfreiheit vorgeführt, im Leben ist es an uns, sie zu nutzen, anstatt auf eine zweite Chance zu warten.[416]

Diesem, die menschliche Handlungsfreiheit betonenden Ansatz gilt es entgegenzustellen, dass der Schmetterlingseffekt nicht nur bei induzierten Handlungen auftritt, sondern auch oder gerade bei zufälligen Ereignissen, die nicht vom Menschen beeinflusst werden können und außerhalb seines Wirkungskreises liegen. Es wird also zum einen gezeigt, dass man sein Leben innerhalb seiner Möglichkeiten selbst in die Hand nehmen soll und zum anderen, dass es Dinge gibt, die man nicht ändern kann und denen man unabdingbar ausgeliefert ist. Dabei kann das Empfinden der Zuschauer*in von dem abweichen, was die Filmemacher*in der Figur eingeschrieben hat. Wenn eine Figur im Film Schicksal empfindet, kann die Zuschauer*in einerseits die „Vielschichtigkeit von Ursachen, die einem Zufall zugrunde liegen" erkennen, andererseits kann der Film aber in seinem Verlauf „einen schicksalhaften Zusammenhang"[417] enthüllen, indem sich die vorangegangenen Zufälle Sinn erhaltend einfügen – es steht der Zuschauer*in dann frei, dies zu akzeptieren oder aber abzulehnen.

4.4 Der Zufall in PRZYPADEK

Immer wieder hat sich Regisseur Kieslowski in seinen Filmen mit den Themen Zufall und Notwendigkeit, Schicksal und Determiniertheit auseinandergesetzt. In Kieslowskis „Poetik des Zufalls"[418] liegt der Fokus auf den Entscheidungssituationen, so auch in PRZYPADEK, einem dreiteiligen ereignisbasierten Variantenfilm. In dieser filmischen Reflexion über Zufall, Schicksal und Selbstbestimmung

---

[416] Ebd., S. 477.
[417] Mundhenke (2008), Zufall und Schicksal – Möglichkeit und Wirklichkeit, a.a.O., S. 22.
[418] Lesch, Walter: Die Schwere der Gebote und die Möglichkeiten der Kunst. In: Lesch, Walter; Loretan, Matthias (Hrsg.): Das Gewicht der Gebote und die Möglichkeiten der Kunst. Krzysztof Kieslowskis ‚Dekalog'-Filme als ethische Modelle. Freiburg Schweiz 1993, S. 15-46, hier S. 43.

wird das Thema sogar zum Titel erhoben. Im Polnischen trägt der Film einfach den Namen PRZYPADEK, zu Deutsch „Zufall". Der englische Titel BLIND CHANCE betont die Wertneutralität und Sinnlosigkeit des Zufalls. Im Deutschen heißt der Film DER ZUFALL MÖGLICHERWEISE. Hier wird die Bedeutung des Zufalls eingeschränkt, insofern als er nur als eine mögliche, aber nicht unbedingt zwingend als die *eine* Ursache angesehen wird. Es ist anzunehmen, dass dieser Titel dem Film am gerechtesten wird, da er auch andere Faktoren als Erklärung für die eintretenden Ereignisse miteinbezieht.

In PRZYPADEK entwickeln sich nach einer etwa sechsminütigen Vorgeschichte ausgehend vom Erreichen oder Nicht-Erreichen eines Zuges drei unterschiedliche Leben des Protagonisten, einem jungen Medizinstudenten namens Witek. Die Vorgeschichte bezieht sich nicht wie bei LOLA RENNT auf direkt vorangegangene Ereignisse, sondern skizziert das bisherige Leben des Protagonisten: seine Geburt – die man erst im Rückblick als solche erkennt –, der Abschied als Kind von seinem Freund Daniel, Witek mit seiner ersten Liebe Czuska, Witek als Student. Diese Darstellungen enden mit dem Tod seines Vaters, für Witek Anlass, sich vom Studium befreien zu lassen, um nachzudenken. Er will nach Warschau fahren und eilt durch den Bahnhof. An dieser Stelle setzen auch die nachfolgenden zwei Episoden erneut ein, nachdem Witeks Leben für einige Zeit verfolgt wird. Im ersten und längsten Durchlauf (Länge ca. 50 min) erreicht Witek den Zug gerade noch und tritt in Folge einer Zufallsbekanntschaft der Kommunistischen Partei bei, im zweiten (Länge ca. 35 min) verpasst er den Zug und schließt sich der Opposition an. Im dritten und letzten Durchlauf (Länge ca. 20 min) versäumt er den Zug ebenfalls, nimmt sein Studium wieder auf und widmet sich ganz seiner Karriere und Familie.

Im Folgenden wird nach einem Vergleich von PRZYPADEK mit der zufallsgelenkten Kunst zunächst der Zufall innerhalb des Films besprochen. Dabei geht es um Zufälle in und zwischen den Episoden, verbale Äußerungen zum Thema Zufall und den Zufall betreffende Metaphern und Motive. Anschließend wird das im Film vermittelte Bild vom freien Willen und von der Selbstbestimmung betrachtet, wobei die Konstanten und Variablen der Figuren und die Möglichkeiten der Wahl eine besondere Rolle spielen. Danach wird der Zufall im Hinblick auf die im vorherigen Kapitel ermittelten Kategorien Schmetterlingseffekt und Informationstheorie untersucht.

PRZYPADEK ist keine Zufallskunst, weil der Produktionsprozess des Films nicht maßgeblich vom Zufall gesteuert ist. Die Struktur des Films entstand nicht zufällig, sondern war vorherbestimmt. Allerdings spielt der Zufall eine nicht unwesentliche Rolle, da der Film nicht so genau geplant war, wie man im Nachhinein zu denken bewogen ist. Im Schnitt bemerkte Kieslowski, dass sein Konzept nicht aufgegangen war:

> I'd shot about eighty per cent. I edited it and realized that it was going in the wrong direction [...] It was mechanical. [...] So I stopped shooting, and had a break for two or three months. Then I reshot about half of the material and another twenty per cent of new material which I needed. And there was a considerable improvement. I often worked that way.[419]

Man kann also sagen, dass der Film nur bis zu gewissen Gabelungen geplant war. Danach wurde das Ergebnis betrachtet, aus allen möglichen Alternativen eine ausgewählt und im Nachdreh verwirklicht. In PRZYPADEK wird der Zufall demnach zwar instrumentalisiert, aber nicht so stark wie beispielsweise in dem Film LOLA RENNT, der von Tykwer bis ins letzte Detail akribisch geplant war.[420] Dies mag neben einer grundsätzlich verschiedenen Arbeitsweise der beiden Regisseure seinen Grund in der Finanzierung der Filme haben – wie auch von Kieslowski angedeutet –, da es wesentlich günstiger ist, in Polen Filme zu drehen als in Deutschland.

Natürlich spielt der Zufall in jeder Produktion eine gewisse Rolle, denn es gibt immer Faktoren, die man nicht kontrollieren kann, zum Beispiel das Wetter. Die Auswahl der Schauspieler*innen, deren Einfluss auf das Endprodukt nur vermutet werden kann, ist auch stark vom Zufall gelenkt, denn aus Gründen des Budgets oder der Zeit sind nicht immer alle Schauspieler*innen verfügbar. Kieslowski bekam das selbst zu spüren als seine Wunschkandidatin für LA DOUBLE VIE DE VÉRONIQUE (Kieslowski 1991), Andie MacDowell, trotz mündlicher Vereinbarung wieder absprang.[421]

Innerhalb des Films ereignen sich auf mehreren Ebenen Zufälle. Man kann hierbei zwischen Zufällen differenzieren, die als Zufall innerhalb einer Episode sowohl die Figuren im Film als auch das Publikum erkennt, und solchen, die nur den Zuschauer*innen auffallen, da sie sich erst im Kontext der anderen Episo-

---

[419] Kieslowski, Krzysztof: Kieslowski on Kieslowski. Hrsg. von Danusia Stok. London / Boston 1995, S. 113-115.
[420] Vgl. Tom Tykwer im Interview mit Schäffler (2002), a.a.O., S. 248.
[421] Vgl. Kieslowski (1995), Kieslowski on Kieslowski, a.a.O., S. 174f.

den offenbaren.[422] Bei der ersten Gruppe geht es um Ereignisse, die nicht durch die Erzählung kausal begründet werden und die man demnach nicht aus dem vorherigen Geschehen ableiten kann.[423] Meist sind es Zufallsbegegnungen, wie die mit Witeks Jugendliebe Czuska (22'54) und seinem Freund aus der Kindheit, Daniel (1'09'31), sowie das Wiedersehen in der Entzugsanstalt mit dem Junkie aus dem Zug (29'41) und mit dem Sohn des Dekans in der illegalen Druckerei (1'17'13). Aber auch Witeks Fahrt nach Prag (1'29'34), um Vera zu besuchen, während sie gleichzeitig in Lodz bei ihm vor der Tür steht sowie die Umbuchung des Flugs auf den Tag, an dem das Flugzeug explodiert, können als solche Zufälle gelesen werden.

Zu den mehrere Episoden umfassenden Zufällen, die nur die Zuschauer*innen erkennen, gehören beispielsweise das Zusammentreffen von den Parteifunktionär*innen, von Pater Stefan und von Witek am Flughafen in der letzten Episode (1'50'07) sowie das „Wiedersehen" mit Werner, den Witek in der zweiten Episode – in der er ihn nicht kennengelernt hat – nach dem Weg fragt (1'29'34). Außerdem recherchiert Witek im ersten Durchlauf für die Partei den ihm unbekannten Flugzeugmechaniker Busek (1'26'32), mit dessen Frau er in der zweiten Episode eine Affäre hat. Auch das Ereignis „Zug verpasst / erreicht" kann als ein solcher Zufall angesehen werden, da es von dem Protagonisten nicht in seiner Bedeutung wahrgenommen wird, sondern erst von der Zuschauer*in im Hinblick auf seine großen Auswirkungen auf die folgende Entwicklung.

Neben diesen Zufällen auf der Handlungsebene bzw. zwischen den Episoden gibt es über den gesamten Film verstreut immer wieder vereinzelte verbale Aussagen der Figuren, die sich direkt oder indirekt auf den Zufall beziehen. Zu Beginn des ersten Durchlaufs, wenn Witek am Bahnhof eine alte Frau mit Kopftuch rempelt, weist sie ihn zurecht mit den Worten: „Look where you're going"[424] (ca. 7'08; ca. 56'21; ca. 1'31'45). Da dies stets direkt vor Witeks Versuch, den Zug zu erreichen, geschieht, kann man die Aussage als Omen betrachten und als Hinweis auf die möglichen Entwicklungen. Witek kann zwar nicht vorhersehen, welche Folge das Erreichen des Zuges hat, aber er scheint sich die Weisung doch intuitiv verinnerlicht zu haben. Wenn er das erste Mal den Bahnsteig entlang dem Zug hinterher hastet, gibt er noch alles, schafft es auf den Zug

---

[422] Vgl. Mundhenke (2008), Zufall und Schicksal – Möglichkeit und Wirklichkeit, a.a.O., S. 63f.
[423] Vgl. ebd., S. 63.
[424] Die im Folgenden zitierten Dialoge aus PRZYPADEK beziehen sich auf die englischen Untertitel.

aufzuspringen und lernt dort den Kommunisten Werner kennen, woraufhin er der Partei beitritt. Als hätte er aus seinen schlechten Erfahrungen dort gelernt, tritt er in der nächsten Episode der Opposition bei. Auch dort findet er die Erfüllung nicht, die ihm in der dritten Episode im Familien- und Berufsglück zuteil wird. Von daher kann man das „Look where you're going" der alten Frau durchaus auf einer höheren Ebene als richtungweisend ansehen.

Im ersten Durchlauf spricht Witek mit dem hochgestellten Parteimitglied Adam über Werner. Sowohl Adam als auch Werner waren beide im Gefängnis, aber Adam wurde früher entlassen, heiratete die von beiden begehrte Frau Krystyna und stieg in der Partei auf. Adam stellt fest: „If he'd [Werner] gotten out before me, he'd be in my shoes and I in his" (36'50) woraufhin Witek antwortet „Yet it wasn't by chance. He owned up because they beat him". Hier wird deutlich, dass Witek nach einer rationalen Begründung sucht und den Zufall als Erklärung und Rechtfertigung der Lebensumstände ablehnt. Diese Ansicht ändert sich in der zweiten Episode, intuitiv scheint Witek nun die Bedeutung des Zuges und die Rolle des Zufalls zu erfassen, wenn er zu Pater Stefan sagt: „If I hadn't missed a train one month ago, I wouldn't be here with you." (1'02'55). Pater Stefan, der von Berufs wegen an Vorsehung zu glauben scheint, antwortet: „It's not just the result of chance". Doch Witek lässt sich nicht von seinem neu gefundenen Zufallsglauben abbringen – „No, sometimes I think it is". Auch Witeks Aussage im dritten Durchlauf, nachdem er den Zug verpasst hat, „Another five seconds and..." verweist auf sein frisch erwachtes Gespür für die Bedeutung dieses Moments und somit auch für Schicksal und Zufall.

In PRZYPADEK gibt es auch Bildmetaphern und Motive, die sich im Hinblick auf den Zufall interpretieren lassen. In der dritten Episode macht Witek, inzwischen Arzt, einen Hausbesuch. Im Garten der Patientin beobachtet er zwei Männer, die in hohem Tempo miteinander jonglieren (1'39'32, vgl. Screenshots 8, Bild 1). Man kann den Vorgang des Jonglierens als ein Bild für das Oszillieren zwischen Chaos und Ordnung betrachten. Die Bälle fliegen zwar in einem klaren Muster, aber in immer leicht unterschiedlichen, nicht genau vorhersehbaren und deshalb bis zu einem gewissen Grad zufälligen Bahnen durch die Luft und landen trotzdem sicher und ‚geordnet' in den Händen der Jongleure, um von dort aus ihre Reise erneut anzutreten. Wieder zu Hause versucht sich auch Witek mit Äpfeln am Jonglieren (1'43'26, vgl. Screenshots 8, Bild 2), doch es gelingt ihm nicht, die Äpfel fallen herunter, das Gleichgewicht ist gestört. Damit wird zum einen sein folgender fataler Unfall metaphorisch antizipiert,[425] zum anderen kann man den fehlgeschlagenen Versuch auch analog zu Witeks Bemühungen sehen, „die Balance zwischen politischem Rückzug und karriereorientiertem Streben zu halten"[426].

Screenshots 8: Jonglage als Metapher für Chaos und Ordnung in PRZYPADEK (ca. 1'39'32, 1'43'26)

Zu Beginn jeder Episode rempelt Witek eine Frau an, die daraufhin ein Geldstück fallen lässt, das einem Obdachlosen vor die Füße rollt, der sich damit ein Bier kauft. Diesen ‚Münzwurf' kann man als Symbol für das Glücksspiel ansehen. So wie sich entscheidet, ob bei der Münze Kopf oder Wappen oben liegt, so wird sich kurz darauf entscheiden, ob Witek den Zug bekommt oder nicht.[427] Hier wird die Entweder-Oder-Situation also noch einmal bildlich gedoppelt.

Mit seiner Freundin in der ersten Episode, Czuska, spricht Witek über seine Geburt, bei der seine Mutter und sein Zwillingsbruder ums Leben kamen. Das Zwillingsmotiv erinnert an die beiden Veronikas in LA DOUBLE VIE DE VÉRONIQUE. Dort bleibt nur diejenige Veronika am Leben, die mit dem Singen aufhört, bei Witek ist es jedoch keine freie Entscheidung, er überlebt, weil er zuerst zur Welt kam, weil ihn die Evolution vielleicht mit den stärkeren Genen ausgestattet hat. Gemeinsam ist Witek und den beiden Veronikas allerdings, dass sie sich auf übersinnliche Weise mit ihrem Gegenstück verbunden fühlen. So wie die polnische Weronika fühlt, dass sie nicht allein auf der Welt ist und ihre französische Doppelgängerin bei deren Tod plötzlich trauert, so sagt auch Witek: „I feel I sometimes remember. An image between the eyelids" (45'49). Dem unberechenbaren Zufall wird damit die Intuition gegenübergestellt, die ihn zumindest manchmal erahnt. So wird Witek in der letzten Episode von seiner Frau Olga gebeten nicht zu fliegen. „Do you mean it?" (1'48'52) hakt Witek nach und sie verneint. Rational hat Olga keine Begründung für ihr Gefühl, dass Witek lieber nicht fliegen sollte, doch emotional ist sie beunruhigt, als spüre sie den verhäng-

---

[425] Vgl. Wach, Margarete: Kino der moralischen Unruhe. Köln 2001, S. 201.
[426] Mundhenke (2008), Zufall und Schicksal – Möglichkeit und Wirklichkeit, a.a.O., S. 57.
[427] Vgl. ebd., S. 56; vgl. auch Wach (2001), Kino der moralischen Unruhe, a.a.O., S. 200.

nisvollen Unfall bereits. „One night, I watched you sleeping…" setzt sie noch mal an, kann ihr Gefühl aber nicht in Worte fassen, möglicherweise aus Angst um Witek.

In zahlreichen Interviews hat Krzysztof Kieslowski sich zur Thematik von Zufall, Schicksal und freiem Willen geäußert, wobei er die Begriffe nicht immer eindeutig voneinander abgegrenzt hat. In einem Interview mit der „Berliner Zeitung" vermerkte Kieslowski: „Zufall, Schicksal und der menschliche Wille – diese drei Dinge entscheiden eigentlich über unser Leben"[428]. An anderer Stelle verwies er darauf, dass er den Begriff der „Unausweichlichkeit" gegenüber dem des Schicksals bevorzugt, worunter er versteht, dass sich aus einem ersten Schritt stets alle weiteren Schritte ergeben.[429] Als Ziel seiner Arbeit nennt Kieslowski die Suche nach dem „[Augenblick] im Leben eines jeden Menschen […], in dem die Entscheidung über sein Leben fällt. Das hängt natürlich von vielen Dingen ab, auch von Zufällen"[430]. Um diese Initialmomente, Schaltstellen und Kardinalfunktionen geht es auch in PRZYPADEK. Der Mensch ist sich nach Kieslowski der Bedeutung des Moments oft nicht bewusst: „We don't ever really know where our fate lies. We don't know what chance holds in store for us"[431].

PRZYPADEK zeigt zwar die grundsätzliche Unbestimmtheit, aber durchaus auch die Konstanten des menschlichen Lebens auf. So verhält sich Witek in jeder Situation, in jedem Lebensentwurf anständig,[432] bewahrt seine innere Sicherheit und Aufrichtigkeit, bleibt sich selbst treu[433] und zeichnet sich durch „Entschlossenheit" und „Unbeugsamkeit"[434] aus. Prinzipiell bleibt Witeks Charakter

---

[428] Krzysztof Kieslowski im Interview mit Merten Wortmann: „Selten ist Film der Kunst nahe gekommen". In: Berliner Zeitung, 4.4.1994. http://web.archive.org/web/20050907194450/www.kieslowski-cinema.de/kieslowski/kiesl_interviews/bztg94.htm. Zugriff am 30.07.2015.
[429] Vgl. Krzysztof Kieslowski im Interview mit Thierry Chervel: Gegen den Tod. In: Die Tageszeitung, 26.01.1989. http://web.archive.org/web/20050902220736/www.kieslowski-cinema.de/kieslowski/kiesl_interviews/taz89.htm. Zugriff am 30.07.2015.
[430] Krzysztof Kieslowski im Interview mit dem TIP: Das fünfte Gebot. In: TIP 2/89. http://web.archive.org/web/20050903180343/www.kieslowski-cinema.de/kieslowski/kiesl_interviews/tip89.htm. Zugriff am 30.07.2015.
[431] Kieslowski (1995), Kieslowski on Kieslowski, a.a.O., S. 113.
[432] Vgl. ebd.
[433] Vgl. Wach (2001), Kino der moralischen Unruhe, a.a.O., S. 192.
[434] Mundhenke (2008), Zufall und Schicksal – Möglichkeit und Wirklichkeit, a.a.O., S. 59.

also derselbe, obwohl sich die Umstände ändern.[435] Der Zufall kann die Haltung des Menschen zu Politik und Religion beeinflussen, aber nicht dessen Grundsubstanz antasten.[436] Neben den beständigen Charaktereigenschaften zeigt Witek in allen drei Durchläufen auch gleichbleibende Verhaltensmuster. So kehrt er zum Beispiel stets zu seiner jeweiligen Freundin zurück, wenn er verzweifelt ist und sinkt – in jedem Durchlauf einmal – in die Knie, wenn er von einem Gefühl übermächtigt wird (49'20; 1'28'27; 1'36'12; vgl. Screenshots 9). Außerdem ist er fortwährend auf der Suche nach etwas, an das er glauben, an dem er sich festhalten kann. Der Gegenstand seines Glaubens – Politik, Religion oder Familie und Karriere – ändert sich zwar, aber das Bedürfnis nach institutionellem Halt ist immer vorhanden.[437] Dabei muss man allerdings auch Witeks Situation mit bedenken: Sein Vater ist gerade gestorben, er sucht nach Orientierung, reflektiert seine Lage, ist zugänglich für Neues. Die Botschaft seines Vaters an ihn, dass er nichts tun müsse, ist allgegenwärtig. Dies ist sicherlich auch ein Grund für Witeks Offenheit und den daraus resultierenden unterschiedlichen (politischen) Entscheidungen.

Screenshots 9: Witek sinkt in jeder Episode von PRZYPADEK einmal in die Knie (ca. 49'20, 1'28'27, 1'36'12)

Konstanten gibt es auch in Bezug auf das soziale Umfeld, das sich Witek wählt bzw. das der Filmemacher ihm zukommen lässt. Dabei kann man Anklänge zur Datenbank-Erzählung (vgl. Kapitel 4.1) feststellen, wenn Witek in jedem Durchlauf in ähnliche Figurenkonstellationen eingebunden ist. Die Figuren scheinen hier – gleichsam im Hinblick auf ihre Funktion für Witek – aus einem Pool an möglichen Charakteren ausgewählt zu sein. So hat Witek stets einen männlichen Mentor, der ihn führt und leitet und auf dessen Rat er sich stützt. In der ersten Episode ist dies der Kommunist Werner, in der zweiten Pater Stefan und in der dritten sein Dekan. Diese Figuren bieten für ihn auch einen Ersatz für seinen

---

[435] Vgl. Krzysztof Kieslowski im Interview mit Gustaw Moszcz: Frozen Assets. Interviews on Polish cinema. In: Sight and Sound. Frühling 1981, S. 86-91.
[436] Vgl. Wach (2001), Kino der moralischen Unruhe, a.a.O., S. 192.
[437] Vgl. Mundhenke (2008), Zufall und Schicksal – Möglichkeit und Wirklichkeit, a.a.O., S. 69.

verstorbenen Vater. Außerdem hat Witek in jedem Durchlauf eine Freundin, der er sich anvertraut (Czuska, Vera, Olga). Der „inhaltlich-ideologische" Aufbau divergiert also in den verschiedenen Episoden, wohingegen „der formale Aufbau […] höchst kongruent" ist und die „Eckpfeiler der Handlung konstant [bleiben]"[438].

Witek ist eine innerlich beständige Figur, die stets darum bemüht ist, die richtige Entscheidung zu treffen. Trotzdem sind seine Anstrengungen zum Scheitern verurteilt. Ein Grund hierfür ist die von Kieslowski beschriebene Situation im Polen der 1970er Jahre. Die politischen und gesellschaftlichen Umstände sind von Sinnlosigkeit und Absurdität geprägt und so sind alle Anstrengungen Witeks, dem Chaos der Umwelt innere Stabilität entgegenzusetzen, vergeblich.[439] Die Frage nach der Selbstbestimmung auf neuronaler Ebene stellt sich hier gar nicht erst, da bereits jeder Versuch den Determinanten von Politik und Gesellschaft zu entkommen von vornherein zum Scheitern verurteilt ist.

Selbstbestimmung beruht auf der Möglichkeit, zu wählen. Witek steht es frei, zu entscheiden, ob er weiter studiert oder nicht. Er kann auch entscheiden, ob er mit dem Zug nach Warschau fahren will oder nicht, aber das Erreichen des Zuges kann er nicht beeinflussen. Indem er früher losgeht oder sein Ticket bereits am Vortag kauft, kann er zwar die Chance erhöhen, aber auf unvorhergesehene Zufälle hat er keinen Einfluss. Auch ist es Witeks Entscheidung, der Partei beizutreten, die Opposition zu unterstützen oder eine Familie zu gründen und Karriere zu machen. Was hier vordergründig als Wahl erscheint, wird allerdings mit Blick auf die drei unterschiedlichen Entwürfe seines Lebens dahingehend aufgelöst, als Witek doch mehr auf seine Umstände reagiert als selbst zu agieren. Kieslowski sieht die Willensstärke als Kontrahentin des Zufalls an, da sie diesen einschränken kann. In Bezug auf seine Farbentrilogie äußert er: „Vielleicht kommt es auf den Willen an. Julie in ‚Blau' wie Karol in ‚Weiß' sind sehr willensstark und lassen sich durch Zufälle nicht von ihrem Weg abbringen"[440]. Wie beschrieben, befindet sich Witek, auch wenn er ansonsten als willensstark erscheint, in einem Zustand des Umbruchs und ist vielleicht deshalb besonders stark vom Zufall beeinflussbar. Trotzdem entscheidet sich Witek im Rahmen seiner Mög-

---

[438] Ebd., S. 58.
[439] Vgl. ebd., S. 60.
[440] Krzysztof Kieslowski im Interview mit dem SPIEGEL: „Ich drehe keinen Film mehr". In: SPIEGEL 7/1994. http://web.archive.org/web/20050408221653/www.kieslowski-cinema.de/kieslowski/kiesl_interviews/spiegel94.htm. Zugriff am 30.07.2015.

lichkeiten stets so, dass sein inneres Bedürfnis nach Orientierung befriedigt wird, auch wenn ihm der gesuchte Halt letztendlich versagt bleibt.

Die Selbstbestimmung des Individuums erfährt ihre Grenzen in der Konfrontation mit anderen Individuen. In der kollektiven Gesellschaft gibt es ständig Interferenzen zwischen den verschiedenen Mitgliedern und deren Absichten.[441] Neben den Mitmenschen bzw. der Gesellschaft sind es die Charaktereigenschaften des Individuums, die den möglichen Handlungsraum abstecken.[442] Als dritter Einfluss ist es schließlich der Zufall, der „als blinde, unhintergehbare Determinante" immer wieder intervenierend eingreift und die Wahl des Menschen nichtig machen kann. Darüber hinaus ist jede Wahlmöglichkeit bis zu einem gewissen Grad eine Farce, da man die Folgen seiner Entscheidung nie umfassend voraussehen kann. Dennoch kann der Mensch – immer unter dem Vorbehalt der genannten Einflussfaktoren – im Rahmen seiner Möglichkeiten und Fähigkeiten Entscheidungen treffen. Bevor Witeks Vater stirbt lässt er seinem Sohn ausrichten, dass er nichts tun müsse.[443] Witeks Freund Marek will wissen, auf was sich diese Aussage bezieht, doch auch Witek ist sich unsicher: „He wanted me to be an honest man, a doctor. I don't know what he meant to say" (1'01'24). Auch wenn unklar bleibt, ob Witeks Vater damit wirklich seinen Wunsch, dass sein Sohn Arzt werde, zurückzieht, kann seine Botschaft generell als Entbindung von den – durch den Vater – auferlegten Pflichten angesehen werden, was für Witek „den Weg [bahnt] […] selbst über sein Leben zu entscheiden"[444]. Wie bereits erwähnt, ist es die politische Situation, die die Wahlmöglichkeiten weiter einschränkt, indem in ihrem Substrat der Unvermeidbarkeit alle ethischen Entscheidungen bis zu einem gewissen Grad revidiert werden.

PRZYPADEK oszilliert zwischen Determinismus und Zufall, zwischen „Schicksalszufälligkeit" und „Beliebigkeitszufälligkeit"[445]. Am Ende des Films, wenn Witek das Flugzeug schließlich erreicht, explodiert es direkt nach dem

---

[441] Vgl. Mundhenke (2008), Zufall und Schicksal – Möglichkeit und Wirklichkeit, a.a.O., S. 57.

[442] Vgl. ebd., S. 73.

[443] Die Übersetzung der englischen Untertitel scheint hier fehlerhaft zu sein, denn die Aussage „You mustn't" hat die Bedeutung „Nichts darfst du". Dass es dennoch „Nichts musst du" heißen sollte, ergibt sich aus dem folgenden Gespräch zwischen Witek und seinem Freund. Auch Margarete Wach zitiert in ihrer Filmanalyse „Nichts mußt du", wobei unklar wird, ob sie sich dabei auf die deutschen Untertitel oder eine Synchronfassung bezieht. Vgl. Wach (2001), Krzysztof Kieslowski, a.a.O., S. 197.

[444] Ebd.

[445] Mundhenke (2008), Zufall und Schicksal – Möglichkeit und Wirklichkeit, a.a.O., S. 75.

Start. Der Zufall hat einmal mehr seine Unberechenbarkeit bewiesen, seine plötzliche Wucht, seine Sinnlosigkeit und Wertindifferenz. Damit entspricht der Zufall, so wie Kieslowski ihn einsetzt, dem allgemeinen Verständnis der Kontingenz im 20. und beginnenden 21. Jahrhundert, indem er auf keine höhere Macht verweist, keine Ordnung hinter den Dingen suggeriert, sondern unbestimmbar und unnotwendig bleibt.

Wie bereits beschrieben, gibt es kleine, wahrscheinliche und große, unwahrscheinliche Zufälle. In PRZYPADEK sind es ausschließlich kleine und alltägliche Zufälle, die große Auswirkungen haben. Das entspricht der Anfangswertsensibilität (Schmetterlingseffekt) von nonlinearen Systemen: Ein kleiner Unterschied in den Anfangsbedingungen – Zug erreicht / verpasst – hat zwei völlig unterschiedliche Entwicklungen und Lebensentwürfe zur Folge. Man kann die Veränderung auch noch früher ansetzen, denn je nachdem wie Witek auf den Obdachlosen trifft – beim ersten Mal streift er ihn nur leicht, beim zweiten Mal bleibt er an ihm hängen und das Bierglas zerbricht auf dem Boden, beim dritten Mal rennt er umständlich um ihn herum – erreicht er den Zug gerade noch, stößt den Schaffner um oder kommt viel zu spät und gibt auf.

Auch die Informationstheorie bietet Aufschluss im Hinblick auf die Struktur von PRZYPADEK. Das einfachste binäre Modell in der Informationstheorie hat eine Gabelung und somit zwei von einer Quelle ausgehenden Zweige, ergo zwei Ereignisse. Wenn eine erneute Zweiteilung stattfindet, hat man vier Ereignisse. Bei PRZYPADEK hingegen sind es drei mögliche Versionen. Ein Zweig bricht demnach vorzeitig ab.

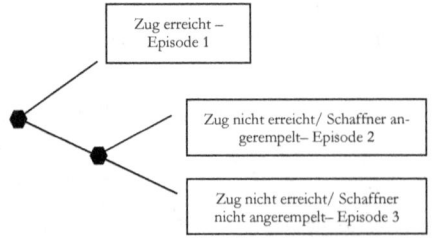

Abbildung 10: Binäre Darstellung von PRZYPADEK

Die Wahrscheinlichkeit für den Eintritt der unterschiedlichen Situationen ist zwar unbekannt, jedoch kann man mit Mundhenke davon ausgehen, dass „[d]ie von Kieslowski ausgewählten Wirklichkeitsausschnitte [...] mögliche Stichproben aus einem viel größeren Raum gleichwahrscheinlicher Entwicklungen"[446] sind. Das Modell der binären Methode ist eingeschränkt auf PRZYPADEK anwendbar. Es ist nur für den Anfang des Films sinnvoll, danach entwickeln sich die Stränge zu komplex und zu unterschiedlich weiter. Im Gegensatz zu LOLA RENNT gibt es in Kieslowskis Werk wenig Wiederholung und viel Neues. Dadurch erlangen die wenigen vorhandenen Schaltstellen eine besondere Zentralität.

---

[446] Ebd., S. 66.

5 SCHLUSSBETRACHTUNG

Variantenfilme sind äußerst vielfältig. Sie sind Erzählexperimente mit episodischem Charakter und können unzuverlässig erzählen. Das Erzählexperiment Variantenfilm verlangt eine hohe Beteiligung der Zuschauer*innen, die aktiv zu einer „variable[n] Rekonstruktion des angebotenen Materials" aufgefordert werden, was eine generelle Neigung des aktuellen Kinos widerspiegelt, „statt einer eindeutigen und notwendigen Folge von Ereignissen, ein Möglichkeitsfeld, eine ‚Ambiguität' der Situation"[447] herzustellen. Das Bedürfnis der Rezipient*innen ein Werk zu re-konstruieren und nicht nur passiv zu konsumieren befriedigen die Variantenfilme durch ihre offene Form, durch das Aufzeigen alternativer Möglichkeiten sowie durch die Integration des Zufalls und mehrerer Perspektiven.

> Die Betonung liegt jetzt auf dem Prozeß, auf der Möglichkeit, *viele Ordnungen* auszumachen. Das Empfangen einer in offener Weise strukturierten Botschaft führt dazu, daß die *Erwartung* [...] weniger ein *Vorhersehen des Erwarteten* als ein *Erwarten des Unvorhergesehenen* impliziert.[448]

Die Impulse zum vermehrten Aufkommen der Variantenfilme seit den 1990er Jahren sind vielfältig, wie die vorliegende Studie gezeigt hat. Im perspektivenbasierten Variantenfilm steht die Multiperspektivität im Vordergrund und bestimmt die Struktur der Filme, deren Episoden sich aus den verschiedenen Perspektiven ergeben. Neben der Multiperspektivität in der Literatur sind auch Anleihen aus der philosophischen Richtung des Perspektivismus bemerkbar. Eine besondere Rolle spielt hierbei die Wahrheit. Da Perspektive und Erkenntnis immer subjektabhängig sind, kann es die *eine* Wahrheit nicht geben. Diese Ansicht wird in RASHOMON vertreten, bei dem die fünf gezeigten Varianten alle inkom-

---

[447] Eco (1977), Das offene Kunstwerk, a.a.O., S. 90.
[448] Ebd., S. 148. Hervorhebung im Original.

patibel sind. Es gibt allerdings auch perspektivenbasierte Variantenfilme, die den Glauben an die eine Wahrheit postulieren, zum Beispiel YING XIONG.

Im Radikalen Konstruktivismus wird die objektive Erkennbarkeit der Wirklichkeit bezweifelt und die wahrgenommene Welt als Konstrukt des Gehirns angesehen. Filme kann man wegen ihres fiktionalen Charakters als eine ‚konstruierte Wirklichkeit in der konstruierten Wirklichkeit' ansehen. À LA FOLIE weist eindeutig radikalkonstruktivistische Ansätze auf, indem der Film auf die Subjektivität der Wahrnehmung verweist. Er kann jedoch nicht als grundsätzlich konstruktivistisch bezeichnet werden, da er in der dritten Episode eine objektive Sichtweise auf das Geschehen einführt, die es laut der Konstruktivist*innen nicht geben kann. Auch in RASHOMON kann man konstruktivistische Tendenzen feststellen, da jede Figur – bewusst oder unbewusst – eine unterschiedliche Version der Begebenheiten erzählt und somit darauf verweist, dass die Wirklichkeit immer nur subjektiv, nie objektiv erfahren werden kann.

Die Digitalisierung stellt einen wichtigen Einfluss auf den ereignisbasierten Variantenfilm dar. Digitale Techniken, nonlinearer Schnitt und neue Computersoftware führten zu veränderten Arbeitsmethoden – beispielsweise durch point-and-click-Zugriff und schnelle Verfügbarkeit des gesamten Materials – und schafften die Voraussetzungen für neue Ästhetiken und Erzählstrukturen im Film. Die ereignisbasierten Variantenfilme sind der Datenbank-Erzählung zuzurechnen, da in ihnen die Protagonist*innen wie Proband*innen in einer Versuchsanordnung immer neuen Szenarien ausgesetzt werden. An dem Film LOLA RENNT konnte der Zusammenhang mit dem database narrative aufgezeigt werden. Auch darüber hinaus ist der Film eindeutig ein ‚Kind der Digitalisierung', denn er hat sich nicht nur die Struktur des Loops verinnerlicht und remixt sämtliche ihm zur Verfügung stehenden gestalterischen Mittel, sondern es wurde ebenfalls bestätigt, dass Videoclips und Computerspiele einen großen Einfluss auf die Form, Ästhetik und Struktur von LOLA RENNT gehabt haben.

Die Rolle des Zufalls hat sich im Laufe seiner historischen Entwicklung maßgeblich geändert. Heute geht man in den Naturwissenschaften davon aus, dass viele Prozesse zufällig ablaufen. Der Schmetterlingseffekt in der Chaostheorie zeigt, dass nonlineare dynamische Systeme sensibel von ihren Anfangsbedingungen abhängen und kleine Änderungen deshalb große Auswirkungen haben können. Angestoßen von Erkenntnissen in den Neurowissenschaften diskutiert man in der Philosophie darüber, inwieweit der Mensch selbstbestimmt ist oder dem Zufall unterworfen. Die Globalisierung trägt nicht unerheblich zu einer veränderten Vorstellung von Zufall bei, indem durch sie immer mehr früher Undenkbares in den Bereich des Möglichen erhoben wird. Die „immense materielle Erweiterung des Möglichen" findet ihren Widerhall „in neuen künstlerischen Strukturen"[449] wie der Zufallskunst. Im Kino gibt es neben Filmen mit klassischem Aufbau nun auch Werke, die die alten ästhetischen, strukturellen und dramaturgischen Regeln bewusst umgehen und den Zufall aktiv integrieren. Es ist ein eindeutiger Trend zur Offenheit und Fragmentarisierung feststellbar.[450] Die ereignisbasierten Variantenfilme verdeutlichen dies, indem sie den Zufall ins Zentrum ihrer Aufmerksamkeit rücken. In vielen ereignisbasierten Variantenfilmen bewirkt ein Schmetterlingseffekt die Entwicklung der unterschiedlichen Episoden. In PRZYPADEK führt der kleine Zufall ‚Zug verpasst / gerade nicht verpasst / nicht verpasst' zu großen Auswirkungen im Leben des Protagonisten. Der Regisseur Kieslowski zeigt aber auch, dass dem Zufall immer der freie Wille gegenübersteht und dass manche Eigenschaften des Menschen nicht vom Zufall beeinflusst werden können.

Die Zusammenfassung der Ergebnisse hat erbracht, dass die zwei Kategorien des Variantenfilms im Hinblick auf ihre Thematik für sich genommen relativ homogen sind. Der perspektivenbasierte Variantenfilm beschäftigt sich vor allem mit der subjektiven Wahrnehmung der Wirklichkeit, im ereignisbasierten Variantenfilm steht der Zufall im Vordergrund. Die eingangs geäußerte Vermutung, dass es Gemeinsamkeiten aller Variantenfilme gibt, kann dennoch bestätigt werden. Alle Variantenfilme sind mehrdimensional, sei es durch ihre Multiperspektivität oder durch das Aufzeigen alternativer Welten. Sie eröffnen einen Möglichkeitsraum, der sich entweder aus den möglichen Wahrnehmungsweisen und Perspektiven ergibt oder universalen Charakter hat, indem mehrere alternative Wirklichkeiten geschaffen werden. Außerdem sind alle Variantenfilme bereits durch ihre Struktur bis zu einem gewissen Grad selbstreflexiv. Der wichtigste Berührungspunkt ist jedoch der gemeinsame Bezug zum Thema Wahrnehmung und Wirklichkeit. Dieser kommt zwar in den perspektivenbasierten Variantenfilmen offener zum Tragen, ist aber auch eine Eigenschaft der ereignisbasierten Variantenfilme. In letzteren wird die Wirklichkeit als offen und fluid dargestellt und bietet vielfältige Möglichkeiten geformt zu werden. Der Glaube an den Zufall verändert die Sicht auf die Wirklichkeit, indem weder von einer allumfassenden Macht noch von einer vollständigen Selbstbestimmung ausgegangen wird. Die Digitalisierung als ein maßgeblicher Einfluss auf die Variantenfilme verdeutlicht

---

[449] Köhler (1973), Der literarische Zufall, a.a.O., S. 13.
[450] Vgl. Mengden (1994), Zufall als Prinzip, a.a.O., S. 161f.

durch den konstruktiven Charakter der am Computer erschaffenen oder bearbeiteten Bilderwelten deren fehlenden Bezug zur Wirklichkeit, was zu einem veränderten Verhältnis zu eben dieser führen kann. Digitale Bilder liegen nur noch in binären Codes vor, sind aufgeschlüsselt in Nullen und Einsen und haben keinen Referenzbezug zur Wirklichkeit mehr. Jedes Pixel ist erst einmal ‚neutral', da es einzeln ansteuerbar und manipulierbar ist – dieser ‚neutrale Code der Pixel' kann als Pendant zum neutralen neuronalen Code der menschlichen Wahrnehmung gesehen werden, bei der nach der Transduktion auch jedes Signal in der gleichen Form vorliegt (vgl. Kapitel 3.3). Auch zwischen der Perspektive und der Digitalisierung kann man Querbezüge herstellen. Das alltägliche Leben wird zunehmend multiperspektivisch erfahren, man ist umgeben von Überwachungskameras und Webcams, Fernsehapparaten und Monitoren. Daneben ermöglichen virtuelle Kameras dem Menschen heute Perspektiven einzunehmen, die eigentlich physisch unmöglich sind. Dadurch wird Zugang zu ansonsten unerreichbaren Orten erlangt, so kann man sich beispielsweise im Inneren des menschlichen Körpers und Gehirns bewegen oder physische Materie fliegend durchqueren.

Der Film spiegelt generell Entwicklungen der Umwelt wider, nicht ohne wiederum Rückkopplungseffekte auf diese zu haben. Das heutige Weltverständnis ist geprägt von Hybridisierung und Fragmentarisierung. Die Lebenssphäre wird immer komplexer, schneller und undurchschaubarer. Erfahrungen werden zunehmend nicht mehr selbst gemacht und der Mensch ist bei der Wahrnehmung der Wirklichkeit in immer stärkerem Maße auf die Massenmedien angewiesen. Es wird schwieriger Ereignisse vorherzusehen und Kausalzusammenhänge zu durchblicken, was die weltweite Finanzkrise zu Beginn des 21. Jahrhunderts auf unerfreuliche Weise verdeutlicht hat. Das Verständnis von Zeit und Raum ändert sich, die verbesserte Infrastruktur und die Einführung von Langstreckentransportmitteln führen zu einem neuen Grad an Mobilität. Das World Wide Web und Satellitentelefone ermöglichen Personen aus allen Kontinenten ohne Zeitverzögerung miteinander Kontakt aufzunehmen und Daten auszutauschen. Die Menschen in den Industrienationen haben mehr Möglichkeiten als noch vor 100 Jahren ihr Leben zu gestalten, können zum Beispiel ihren Wohnsitz frei wählen und weit entfernte Länder besuchen.

Variantenfilme greifen die Zunahme der Möglichkeiten in ihrer ‚Poetik der Alternativen' auf. Der erweiterte Möglichkeitsraum kann aber auch zu Unsicherheit und Zukunftsangst führen, in einer Welt, die immer mehr als instabil, partikular und fragil empfunden wird. Die Variantenfilme zeigen dieses ‚Zerbrechen' und ‚Zersplittern' der Wirklichkeit, indem sie es auf ihre Struktur der Episoden und Perspektiven übertragen. Das Erzählprinzip Variantenfilm reflektiert eine nicht länger als linear, eindeutig und deterministisch, sondern eine als zufällig, chaotisch und nonlinear erfahrene Umwelt, indem auf der strukturellen wie narrativen Ebene die Wirkungsgefüge der Kausalität sowie der Zeit und des Raums durchbrochen werden. Dabei integrieren die Variantenfilme – wie aufgezeigt – wissenschaftliche und technologische Entwicklungen. Man kann davon ausgehen, dass veränderte Sehgewohnheiten immer experimentellere Formen im Mainstream zulassen und bis zu einem gewissen Grad auch vom Publikum erwartet werden. Vermutlich schlägt sich diese neue Sicht auf Filme auch auf neuronaler Ebene nieder, da das Gehirn durch seine neuronale Plastizität Erfahrungen abspeichern kann und bei erneuter Konfrontation mit einem bekannten Objekt bestimmte Neuronen besonders stark aktiviert werden. Inwiefern diese Vermutung zutrifft ist eine reizvolle Frage, die durch eine interdisziplinäre Untersuchung beantwortet werden könnte.

Die Zukunft wird zeigen, ob der Variantenfilm das Bedürfnis des Publikums nach ‚dem Unerwarteten' auf lange Sicht erfüllen kann und ob es ihm gelingt, neue Spielarten seines Erzählprinzips zu schaffen, oder aber ob sich seine hervorstechende Struktur irgendwann abnutzt. Allerdings ist davon auszugehen, dass die Faszination der Möglichkeiten, die das Leben bietet, auch in Zukunft nichts von ihrer Kraft einbüßen wird. Da der Variantenfilm die bestehenden Alternativen auf besonders einprägsame Weise darstellt, scheint auch er prinzipiell zeitlos. Inwiefern der Variantenfilm weiterhin neue Erkenntnisse aus den beständig an Popularität gewinnenden und mit großen Schritten voranschreitenden Disziplinen wie Chaostheorie und Neurowissenschaften integriert und ob diese seine Struktur weiter modifizieren, gilt es mit Spannung zu erwarten.

6 Quellenverzeichnis

6.1 Literaturverzeichnis

Althaus, Claudia; Filk, Christian: Lücke im System. Zum Problem des Umgangs mit dem Zufall. In: Wende, Waltraud; Riha, Karl (Hrsg.): Diagonal. Zeitschrift der Universität-Gesamthochschule Siegen. Zum Thema: Zufall. Heft 1. Siegen 1994, S. 13-21.

Anderson, John R.: Kognitive Psychologie. Berlin / Heidelberg [6]2007.

Arnheim, Rudolf: Kunst und Sehen. Eine Psychologie des schöpferischen Auges. Berlin / New York [3]2000.

Bachtin, Michail M.: Probleme der Poetik Dostoevskijs. München 1971.

Barthes, Roland: Das semiologische Abenteuer. Frankfurt a. M. 1988.

Bartmann, Hermann: Chaos und Wirtschaft. In: Fachbereich Musik der Johannes Gutenberg-Universität Mainz (Hrsg.): Chaos und Zufall. Interdisziplinäres Forum mit Vorträgen, Diskussionen und Musik. 28./29. Januar 1993. Kongressdokument. Mainz 1994, S. 37-52.

Bazin, André: Qu'est-ce que le cinéma? Paris 1990.

Beyerle, Monika: Authentisierungsstrategien im Dokumentarfilm: Das amerikanische Direct Cinema der 60er Jahre. Trier 1997.

Boehm, Gottfried: Studien zur Perspektivität. Philosophie und Kunst in der Frühen Neuzeit. Heidelberg 1969.

Booth, Wayne C.: The Rhetoric of Fiction. Chicago 1961.

Bordwell, David: Narration in the Fiction Film. London 1985.

Bordwell, David: Poetics of Cinema. New York / Abingdon 2008.

Boyd, David: Film and the Interpretive Process. A Study of *Blow-Up, Rashomon, Citizen Kane, 8½, Vertigo* and *Persona*. New York / Bern / Frankfurt a. M. / Paris 1989.

Breuer, Reinhard: Am Rande des Chaos. Einleitung in ein unordentliches Thema. In: Breuer, Reinhard (Hrsg.): Der Flügelschlag des Schmetterlings. Ein neues Weltbild durch die Chaosforschung. Herne 1993, S. 11-22.

Breuer, Rolf: Rückbezüglichkeit in der Literatur: Am Beispiel der Romantrilogie von Samuel Beckett. In: Watzlawick, Paul (Hrsg.): Die erfundene Wirklichkeit. Wie wissen wir, was wir zu wissen glauben? Beiträge zum Konstruktivismus. München [5]1988, S. 138-158.

Briggs, John; Peat, David F.: Die Entdeckung des Chaos. Eine Reise durch die Chaos-Theorie. München / Wien 1990.

Brockhaus Enzyklopädie: Perspektive. 16. Band. Mannheim ¹⁹1991, S. 706-708.

Bryson, Norman: Das Sehen und die Malerei. Die Logik des Blicks. München 2001.

Buschmann, Matthias: Multiperspektivität – Alle Macht dem Leser? In: Wirkendes Wort. Deutsche Sprache und Literatur in Forschung und Lehre. 46. Jahrgang 1996, Heft 2, S. 259-275.

Dettmann, Ulf: Der Radikale Konstruktivismus. Anspruch und Wirklichkeit einer Theorie. Tübingen 1999.

Drösser, Christoph: Fraktale – eine Mathematik komplexer Strukturen. In: Breuer, Reinhard (Hrsg.): Der Flügelschlag des Schmetterlings. Ein neues Weltbild durch die Chaosforschung. Herne 1993, S. 51-67.

Eco, Umberto: Das offene Kunstwerk. Frankfurt a. M. 1977.

Erichsen, Freerk: Schizophrenie und Sexualität. Am Beispiel von Perversion, Scham, Eifersuchts- und Liebeswahn. Bern / Stuttgart / Wien 1975.

Fiedler, Klaus; Kliegl, Reinhold; Lindenberger, Ulman; Mausfeld, Rainer; Mummendey, Amélie; Prinz, Wolfgang: Psychologie im 21.Jahrhundert. Eine Standortbestimmung. In: Könneker, Carsten (Hrsg.): Wer erklärt den Menschen. Hirnforscher, Psychologen und Philosophen im Dialog. Frankfurt a. M. 2006, S. 111-118.

Genette, Gérard: Die Erzählung. München ²1998.

Gerbracht, Ludger: Wahrheit und kognitive Perspektive. Zur gleichberechtigten Vorrangstellung und zu den unterschiedlichen Anwendungsbereichen korrespondenztheoretischer und kohärenztheoretischer Wahrheitskonzeptionen. Würzburg 1996.

Glasersfeld, Ernst v.: Einführung in den radikalen Konstruktivismus. In: Watzlawick, Paul (Hrsg.): Die erfundene Wirklichkeit. Wie wissen wir, was wir zu wissen glauben? Beiträge zum Konstruktivismus. München ⁵1988, S. 16-38.

Glasersfeld, Ernst v.: Radikaler Konstruktivismus: Ideen, Ergebnisse, Probleme. Frankfurt a. M. ²1998.

Gloy, Karen: Wahrheitstheorien. Eine Einführung. Tübingen / Basel 2004.

Goldstein, Bruce: Wahrnehmungspsychologie. Der Grundkurs. Berlin / Heidelberg ⁷2008.

Graumann, C.F.: Perspektivität – Grundlagen einer Phänomenologie und Psychologie der Perspektivität. Berlin 1960.

Gregory, R.L.: Eye and brain. The Psychology of Seeing. Oxford / New York / Tokio ⁴1990.

Griem, Julika: Mit den Augen der Kamera? Aspekte filmischer Multiperspektivität in Bryan Singers *The Usual Suspects*, Akira Kurosawas *Rashomon* und Peter Weirs *The Truman Show*. In: Nünning, Vera; Nünning, Ansgar (Hrsg.): Multiperspektivisches Erzählen. Zur Theorie und Geschichte der Perspektivenstruktur im englischen Roman des 18. bis 20. Jahrhunderts. Trier 2000, S. 307-322.

Gutzkow, Karl: Die Ritter vom Geiste, 1.Band. Leipzig ⁴1865.

Helbig, Jörg: Einleitung. In: Helbig, Jörg (Hrsg.): „Camera doesn't lie": Spielarten erzählerischer Unzuverlässigkeit im Film. Trier 2006, S. 1-2.

Helbig, Jörg: „Follow the White Rabbit!". Signale erzählerischer Unzuverlässigkeit im zeitgenössischen Spielfilm. In: Liptay, Fabienne; Wolf, Yvonne (Hrsg.): Was stimmt denn jetzt? Unzuverlässiges Erzählen in Literatur und Film. München 2005, S. 131-146.

Hickethier, Knut: Film- und Fernsehanalyse. Stuttgart / Weimar ³2001.

Himpler, Michael: Der unzuverlässige Erzähler in Neil Jordans „The End of the Affair" (GB 1999). Schriftliche Hausarbeit für die Magisterprüfung der Fakultät für Philologie an der Ruhr-Universität. Bochum 2004.

Hoberg, Almuth: Film und Computer. Wie digitale Bilder den Spielfilm verändern. Frankfurt a. M. / New York 1999.

Hume, David: Eine Untersuchung über den menschlichen Verstand, Stuttgart 1967.

Jäggi, Andreas: Die Rahmenerzählung im 19. Jahrhundert. Untersuchungen zur Technik und Funktion einer Sonderform der fingierten Wirklichkeitsaussage. Bern / Berlin / Frankfurt a. M. / New York / Paris / Wien 1994.

Jannidis, Fotis: Event-Sequences, Plots and Narration in Computer Games. In: Gendolla, Peter; Schäfer, Jörg (Hrsg.): The Aesthetics of Net Literature. Writing, Reading and Playing in Programmable Media. Bielefeld 2007, S. 281-305.

Jousse, Thierry; Neves, Camille: Entretien avec Alain Resnais. In: Cahiers du cinéma, Dezember 1993, Nr. 474. S. 22-29.

Kandel, Eric: Die Konstruktion des visuellen Bildes. In: Kandel, Eric R.; Schwartz, James H.; Jessell, Thomas M. (Hrsg.): Neurowissenschaften. Eine Einführung. Heidelberg / Berlin / Oxford 1996, S. 393-411.

Kandel, Eric; Kupfermann, Irving: Von den Nervenzellen zur Kognition. In: Kandel, Eric R.; Schwartz, James H.; Jessell, Thomas M. (Hrsg.). Neurowissenschaften. Eine Einführung. Heidelberg / Berlin / Oxford 1996, S. 327-352.

Kapadia, Mitesh K.; Ito, Minami; Gilbert, Charles D.; Westheimer, Gerald: Improvement in Visual Sensitivity by Changes in Local Context: Parallel Studies in Human Observers and in VI of Alert Monkeys. In: Neuron. 15. Jahrgang, Oktober 1995, S. 843-856.

Karow, Willi: Einführung. In: Rüffert, Christine; Schenk, Irmbert; Schmid, Karl-Heinz / Bremer Symposium zum Film (Hrsg.): Zeitsprünge. Wie Filme Geschichte(n) erzählen. Berlin 2004, S. 10-16.

Kaulbach, Friedrich: Philosophie des Perspektivismus. 1.Teil. Wahrheit und Perspektive bei Kant, Hegel und Nietzsche. Tübingen 1990.

Kepplinger, Hans Mathias: Der Ereignisbegriff in der Publizistikwissenschaft. In: Publizistik (46), Juni 2001, 46/2, S. 117-139.

Kepplinger, Hans Mathias; Noelle-Neumann, Elisabeth: Wirkung der Massenmedien. In: Noelle-Neumann, Elisabeth; Schulz, Winfried; Wilke, Jürgen (Hrsg.): Das Fischer Lexikon. Publizistik Massenkommunikation. Frankfurt a. M. ²2003. S. 597-647.

Kiefer, Bernd: Rashomon – Das Lustwäldchen. In: Koebner, Thomas: Filmklassiker (Band 2). Stuttgart ⁴2002, S. 95-101.

Kieslowski, Krzysztof im Interview mit Gustaw Moszcz: Frozen Assets. Interviews on Polish cinema. In: Sight and Sound, Frühling 1981, S. 86-91.

Kieslowski, Krzysztof: Kieslowski on Kieslowski. Hrsg. von Danusia Stok. London / Boston 1995.

Kinder, Marsha: Hot Spots, Avatars, and Narrative Fields Forever. Buñuel's Legacy for New Digital Media and Interactive Database Narrative. In: Film Quarterly. 55. Jahrgang 2002, Heft 4, S. 2-15.

Koebner, Thomas: Akira Kurosawa. In: Koebner, Thomas (Hrsg.): Filmregisseure. Biographien, Werkbeschreibungen, Filmographien. Stuttgart ²2002, S. 375-383.

Koebner, Thomas: Im Niemandsland. Der deutsche Film lebt, aber das Publikum will nicht viel von ihm wissen – Eine Bestandsaufnahme. In: Film-dienst. 2000, Heft 1, S. 6-11.

Koebner, Thomas: Vorwort. In: Liptay, Fabienne; Wolf, Yvonne (Hrsg.): Was stimmt denn jetzt? Unzuverlässiges Erzählen in Literatur und Film. München 2005, S. 9-11.

Koebner, Thomas: Was stimmt denn jetzt? „Unzuverlässiges Erzählen" im Film. In: Liptay, Fabienne; Wolf, Yvonne (Hrsg.): Was stimmte den jetzt? Unzuverlässiges Erzählen in Literatur und Film. München 2005, S. 19-38.

Köhler, Erich: Der literarische Zufall, das Mögliche und die Notwendigkeit. München 1973.

Kraus, Wolfgang: Das Regime des engen Blickes. Zur Dekonstruktion des Begriffs der Zukunftsperspektive. In: Journal für Psychologie. 11. Jahrgang 2003, Heft 1, S. 33-53.

Krausser, Helmut: Lola. Ein Nachwort, viel zu früh. In: Töteberg, Michael (Hrsg.): Szenenwechsel – Momentaufnahmen des jungen deutschen Films. Reinbek bei Hamburg 1999, S. 35-39.

Lechleitner, Gerda: Klangfarbenétude. Studien zum Bolero von Maurice Ravel. Tutzing 1989, S. 14.

Lefrançois, Guy R.: Perception. In: Giles, Bridget (Hrsg.): The Brain and the Mind. Hoo 2005, S. 62-85.

Lesch, Walter: Die Schwere der Gebote und die Möglichkeiten der Kunst. In: Lesch, Walter; Loretan, Matthias (Hrsg.): Das Gewicht der Gebote und die Möglichkeiten der Kunst. Krzysztof Kieslowskis ‚Dekalog'-Filme als ethische Modelle. Freiburg Schweiz 1993, S. 15-46.

Lindemann, Uwe: Die Ungleichzeitigkeit des Gleichzeitigen. Polyperspektivismus, Spannung und der iterative Modus der Narration bei Samuel Richardson, Choderlos de Laclos, Ludwig Tieck, Wilkie Collins und Robert Browning. In: Röttgers, Kurt; Schmitz-Emans, Monika: Perspektive in Literatur und bildender Kunst. Essen 1999, S. 48-81.

Liptay, Fabienne: Spinn' es noch einmal, Spider! Ambiguität als Voraussetzung für die doppelte Filmlektüre am Beispiel von David Cronenbergs SPIDER. In: Helbig, Jörg (Hrsg.): „Camera doesn't lie": Spielarten erzählerischer Unzuverlässigkeit im Film. Trier 2006, S. 189-223.

Liptay, Fabienne; Wolf, Yvonne: Einleitung. Film und Literatur im Dialog. In: Liptay, Fabienne; Wolf, Yvonne (Hrsg.): Was stimmt denn jetzt? Unzuverlässiges Erzählen in Literatur und Film. München 2005, S. 12-18.

Lotman, Jurij: Die Struktur literarischer Texte. München 1972.

Luyten, Norbert A.: Das Kontingenzproblem. Das Zufällige und das Einmalige in philosophischer Sicht. In: Luyten, Norbert A. (Hrsg.): Zufall, Freiheit, Vorsehung. Freiburg / München 1975, S. 47-64.

Luyten, Norbert, A.: Vorwort. In: Luyten, Norbert A. (Hrsg.): Zufall, Freiheit, Vorsehung. Freiburg / München 1975, S. 5-6.

Mainzer, Klaus: Der kreative Zufall. Wie das Neue in die Welt kommt. München 2007.

Macho, Siegfried: Wahrnehmung von Kausalzusammenhängen. In: Kersten, Bernd (Hrsg.): Praxisfelder der Wahrnehmungspsychologie. Bern 2005, S. 33-51.

Manovich, Lev: Cinema and Digital Media. In: Shaw, Jeffrey; Schwarz, Peter (Hrsg.): Perspektiven der Medienkunst. Museumspraxis und Kunstwissen antworten auf die digitale Herausforderung. Ostfildern 1996, S. 151-156.

Manovich, Lev: The Language of New Media. Cambridge 2001.

Martinez, Matias; Scheffel, Michael: Einführung in die Erzähltheorie. München 1999.

Maturana, Humberto R.: Erkennen: Die Organisation und Verkörperung von Wirklichkeit. Ausgewählte Arbeiten zur biologischen Epistemologie. Braunschweig / Wiesbaden ²1985.

Maturana, Humberto R.; Varela, Francisco J.: Der Baum der Erkenntnis. Wie wir die Welt durch unsere Wahrnehmung erschaffen – die biologischen Wurzeln des menschlichen Erkennens. Bern / München / Wien, ³1987.

Mayer, Horst O.: Einführung in die Wahrnehmungs-, Lern- und Werbepsychologie. München ²2005.

Meessen, August: Freiheit, Determinismus und Zufall im Rahmen der klassischen Physik. In: Luyten, Norbert A. (Hrsg.): Zufall, Freiheit, Vorsehung. Freiburg / München 1975, S. 103-123.

Mengden, Lida v.: Zufall als Prinzip oder: Die Kunst verläßt den geschlossenen Raum. In: Wende, Waltraud; Riha, Karl (Hrsg.): Diagonal. Zeitschrift der Universität-Gesamthochschule Siegen. Zum Thema: Zufall. Heft 1. Siegen 1994, S. 143-162.

Mundhenke, Florian: Zufall und Schicksal – Möglichkeit und Wirklichkeit. Erscheinungsweisen des Zufälligen im zeitgenössischen Film. Marburg 2008.

Nef, Ernst: Der Zufall in der Erzählkunst. Bern / München 1970.

Neuhaus, Volker: Typen multiperspektivischen Erzählens. Köln / Wien 1971.

Nietzsche, Friedrich: Nachgelassene Fragmente April-Juni 1885. 34 [253]. In: Colli, Giorgio; Montinari, Mazzino: Friedrich Nietzsche. Nachgelassene Fragmente 1884-1885. Kritische Studienausgabe, Bd. 11. Berlin / New York ²1988, S. 423-508.

Nünning, Vera; Nünning, Ansgar: Multiperspektivität aus narratologischer Sicht: Erzähltheoretische Grundlagen und Kategorien zur Analyse der Perspektivenstruktur narrativer Texte. In: Nünning, Vera; Nünning, Ansgar (Hrsg.): Multiperspektivisches Erzählen. Zur Theorie und Geschichte der Perspektivenstruktur im englischen Roman des 18. bis 20. Jahrhunderts. Trier 2000, S. 39-77.

Nünning, Vera; Nünning, Ansgar: Von „der" Erzählperspektive zur Perspektivenstruktur narrativer Texte: Überlegungen zur Definition, Konzeptionalisierung und Untersuchbarkeit von Multiperspektivität. In: Nünning, Vera; Nünning, Ansgar (Hrsg.): Multiperspektivisches Erzählen. Zur Theorie und Geschichte der Perspektivenstruktur im englischen Roman des 18. bis 20. Jahrhunderts. Trier 2000, S. 3-38.

Panofsky, Erwin: Die Perspektive als „symbolische Form". In: Oberer, Hariolf; Verheyen, Egon (Hrsg.): Erwin Panofsky. Aufsätze zu Grundfragen der Kunstwissenschaft. Berlin 1964, S. 99-167.

Poincaré, Henri: Wissenschaft und Methode. Leipzig / Berlin 1914.

Pospeschill, Mark: Konnektionismus und Kognition. Eine Einführung. Stuttgart 2004.

Reiß, Rolf-Dieter: Ist Zufall berechenbar? In: Wende, Waltraud; Riha, Karl (Hrsg.): Diagonal. Zeitschrift der Universität-Gesamthochschule Siegen. Zum Thema: Zufall. Heft 1. Siegen 1994, S. 127-129.

Renner, Karl N.: Grenze und Ereignis. Weiterführende Überlegungen zum Ereigniskonzept von J. M. Lotman. In: Lukas, Wolfgang; Gustav, Frank (Hrsg.): Norm – Grenze – Abweichung. Kultursemiotische Studien zu Literatur, Medien, Wirtschaft. Passau 2004, S. 357-381.

Riedl, Rupert: Die Folgen des Ursachendenkens. In: Watzlawick, Paul: Die erfundene Wirklichkeit. Wie wissen wir, was wir zu wissen glauben? Beiträge zum Konstruktivismus. München [5]1988, S. 67-90.

Riha, Karl: Literatur und Zufall. In: Wende, Waltraud; Riha, Karl (Hrsg.): Diagonal. Zeitschrift der Universität-Gesamthochschule Siegen. Zum Thema: Zufall. Heft 1. Siegen 1994, S. 53-67.

Rock, Irvin: Wahrnehmung. Vom visuellen Reiz zum Sehen und Erkennen. Heidelberg / Berlin 1998.

Röschke, Joachim; Mann, Klaus; Frank, Clarissa; Fell, Jürgen: Ein nichtlinearer Ansatz zur Analyse dynamischer Systeme: Deterministisches Chaos und SchlafEEG bei psychiatrischen Erkrankungen. In: Fachbereich Musik der Johannes Gutenberg-Universität Mainz (Hrsg.): Chaos und Zufall. Interdisziplinäres Forum mit Vorträgen, Diskussionen und Musik. 28./29. Januar 1993. Kongressdokument. Mainz 1994, S. 53-74.

Röttgers, Kurt: Perspektive – Raumdarstellung in Literatur und bildender Kunst. In: Röttgers, Kurt; Schmitz-Emans, Monika: Perspektive in Literatur und bildender Kunst. Essen 1999, S. 15-47.

Rosenhan, David L.: Gesund in kranker Umgebung. In: Watzlawick, Paul (Hrsg.): Die erfundene Wirklichkeit. Wie wissen wir, was wir zu wissen glauben? Beiträge zum Konstruktivismus. München [5]1988, S. 111-137.

Roth, Gerhard: Das Gehirn und seine Wirklichkeit. Kognitive Neurobiologie und ihre philosophischen Konsequenzen. Frankfurt a. M. [4]1996.

Roth, Gerhard: Das konstruktive Gehirn: Neurobiologische Grundlagen von Wahrnehmung und Erkenntnis. In: Schmidt, Siegfried J. (Hrsg.): Kognition und Gesellschaft. Der Diskurs des Radikalen Konstruktivismus 2. Frankfurt a. M. [2]1992. S. 277-336.

Roth, Gerhard: Erkenntnis und Realität: Das reale Gehirn und seine Wirklichkeit. In: Schmidt, Siegfried J. (Hrsg.): Der Diskurs des Radikalen Konstruktivismus. Frankfurt a. M. 1987, S. 229-255.

Ryan, Marie-Laure: Beyond Myth and Metaphor: Narrative in Digital Media. In: Poetics Today. 23. Jahrgang 2002, Heft 4, S. 581-609.

Schenk, Irmbert: Zeit und Beschleunigung. Vom Film zum Videoclip? In: Rüffert, Christine; Schenk, Irmbert; Schmid, Karl-Heinz / Bremer Symposium zum Film (Hrsg.): Zeitsprünge. Wie Filme Geschichte(n) erzählen. Berlin 2004, S. 73-86.

Schiller, Diethard: Der gezähmte Zufall. In: Wende, Waltraud; Riha, Karl (Hrsg.): Diagonal. Zeitschrift der Universität-Gesamthochschule Siegen. Zum Thema: Zufall. Heft 1. Siegen 1994, S. 121-123.

Schiller, Hilmar: Der Kampf gegen den Zufall – Fehlerkorrektur in der Genetik. In: Wende, Waltraud; Riha, Karl (Hrsg.): Diagonal. Zeitschrift der Universität-Gesamthochschule Siegen. Zum Thema: Zufall, Heft 1. Siegen 1994, S. 115-120.

Schmidt, Siegfried J.: Der Radikale Konstruktivismus: Ein neues Paradigma im interdisziplinären Diskurs. In: Schmidt, Siegfried J. (Hrsg.): Der Diskurs des Radikalen Konstruktivismus. Frankfurt a. M. 1987, S. 11-88.

Schmidt, Siegfried J.: Radikaler Konstruktivismus. Forschungsperspektiven für die 90er Jahre. In: Schmidt, Siegfried J. (Hrsg.): Kognition und Gesellschaft. Der Diskurs des Radikalen Konstruktivismus 2. Frankfurt a. M. ²1992. S. 7-23.

Schmidt, Siegfried J.: Vorbemerkung. In: Schmidt, Siegfried J. (Hrsg.): Der Diskurs des Radikalen Konstruktivismus. Frankfurt a. M. 1987, S. 7-9.

Schmöller, Verena: Was wäre, wenn… im Film. Spielfilme mit alternativen Handlungsverläufen. Marburg 2012.

Schössler, Daniel: Episodenfilm. In: Koebner, Thomas (Hrsg.): Reclams Sachlexikon des Films. Stuttgart 2002, S. 144-145.

Schröter, Jens: Digitale Perspektive. In: Röttgers, Kurt; Schmitz-Emans, Monika: Perspektive in Literatur und bildender Kunst. Essen 1999, S. 139-165.

Schuppach, Sandra: Tom Tykwer. Mainz 2004.

Schweinitz, Jörg: Genre. In: Koebner, Thomas (Hrsg.): Reclams Sachlexikon des Films. Stuttgart 2002, S. 244-246.

Simons, Daniel J.; Chabris, Christopher F.: Gorillas in our midst: Sustained inattentional blindness for dynamic events. In: Perception. 28. Jahrgang 1999, Heft 9, S. 1059–1074.

Tarassow, Lew: Wie der Zufall will? Vom Wesen der Wahrscheinlichkeit. Heidelberg / Berlin / Oxford 1993.

Thoene, Tina: Er liebt mich - er liebt mich nicht. Abweichende Wahrnehmung und erzählerische Irreführungen in Laetitia Colombanis À LA FOLIE … PAS DU TOUT. In: Helbig, Jörg (Hrsg.): Camera doesn't lie. Tier 2006, S. 73-93.

Thompson, Kristin: Wiederholte Zeit und narrative Motivation in GROUNDHOG DAY / UND TÄGLICH GRÜSST DAS MURMELTIER. In: Rost, Andreas (Hrsg.): Zeit, Schnitt, Raum. Frankfurt a. M. 1997, S. 59-93.

Treber, Karsten: Auf Abwegen. Episodisches Erzählen im Film. Remscheid 2005.

Tykwer, Tom im Interview mit Steffen Schäffler. Schäffler, Steffen: Neun Interviews. München 2002.

Tykwer, Tom im Interview mit Michael Töteberg. In: Töteberg, Michael (Hrsg.): Tom Tykwer. Lola rennt. Reinbek bei Hamburg 1998, S. 129-142.

Vogt-Spira, Gregor: Dramaturgie des Zufalls. Tyche und Handeln in der Komödie Menanders. München 1992.

Voigts-Virchow, Eckart: „I'll show you the life of the mind!" Implizite Autoren, Metanarrativität, unzuverlässiges Erzählen und unzuverlässige ‚Wahr-Nehmung' in Joel Coens BARTON FINK und Spike Jones ADAPTATION. In: Helbig, Jörg (Hrsg.): „Camera doesn't lie": Spielarten erzählerischer Unzuverlässigkeit im Film. Trier 2006. S. 97-122.

Vossen, Ursula: Die zweite Chance. Wiederholungen und Zeitschleifen im Spielfilm. In: Jürgen, Felix; Kiefer, Bernd; Marschall, Susanne; Stigleger, Markus (Hrsg.): Die Wiederholung. Marburg 2001, S. 461-478.

Wach, Margarete: Kino der moralischen Unruhe. Köln 2001.

Watzlawick, Paul: Selbsterfüllende Prophezeiungen. In: Watzlawick, Paul (Hrsg.): Die erfundene Wirklichkeit. Wie wissen wir, was wir zu wissen glauben? Beiträge zum Konstruktivismus. München ^{5}1988, S. 91-110.

Watzlawick, Paul: Wie wirklich ist die Wirklichkeit? St. Gallen 1988.

Weingarten, Susanne: Patchwork der Pixel. Zu den Folgen der Digitalisierung für die Filmästhetik. In: Kloock, Daniela (Hrsg.): Zukunft Kino. The End of the Reel World. Marburg 2008, S. 222-233.

Weingarten, Susanne: Was ist so schlimm am Leben in der Matrix? Anmerkungen zur Ästhetik des Digitalen im Film. In: epd / Film. 21. Jahrgang 2004, Heft 12, S. 18-21.

Werblin, Frank; Roska, Botond: Wie das Auge die Welt verfilmt. In: Spektrum der Wissenschaft. Mai 2008, Heft 5, S. 40-47.

Winkler, Hartmut: Cadrage. In: Koebner, Thomas (Hrsg.): Reclams Sachlexikon des Films. Stuttgart 2002, S. 88-89.

Woitschach, Max: Läßt sich der Zufall rechnen? Nutzen und Grenzen der Wahrscheinlichkeitsrechung. Stuttgart 1978.

Wolf, Werner: Ästhetische Illusion und Illusionsdurchbrechung in der Erzählkunst. Theorie und Geschichte mit Schwerpunkt auf englischem illusionsstörenden Erzählen. Tübingen 1993.

Zech, Günter: Zufall und Quantenmechanik. In: Wende, Waltraud; Riha, Karl (Hrsg.): Diagonal. Zeitschrift der Universität-Gesamthochschule Siegen. Zum Thema: Zufall. Heft 1. Siegen 1994, S. 105-108.

Žižek, Slavoj: Die Furcht vor echten Tränen. Krzysztof Kieslowski und die „Nahtstelle". Berlin 2001.

Internetquellen:

Faust, Volker: Liebeswahn. Psychosoziale Gesundheit. Von Angst bis Zwang. http://www.psychosoziale-gesundheit.net/psychiatrie/liebeswahn.html. Zugriff am 16.08.2015.

Film Reference: http://www.filmreference.com/Writers-and-Production-Artists-Ha-Ja/Hayasaka-Fumio.html. Zugriff am 11.08.2015.

Froidevaux, Jean-Luc: Die Auflösung der linearen Narration im Film. 2003. http://www.studisurf.ch/_data/fileexchange/aufloesung_lineare_narration_im_film_ganz_blaettler.pdf. Zugriff am 10.08.2015.

Haynes, John-Dylan im Interview mit Carolin Sprenger und Jeanne Gevorkian: Hirngespinst Willensfreiheit. Wie determiniert ist der Mensch wirklich? In: Gehirn und Geist. http://www.gehirn-und-geist.de/artikel/968930. Zugriff am 30.07.2015.

Jekubzik, Günter H.: Filmkritik zu LOLA RENNT. http://www.filmtabs.de/archiv/L/Lola%20rennt.html. Zugriff am 12.08.2015.

Kieslowski, Krzysztof im Interview mit dem SPIEGEL: „Ich drehe keinen Film mehr". In: SPIEGEL 7/1994. http://web.archive.org/web/20050408221653/www.kieslowski-cinema.de/kieslowski/kiesl_interviews/spiegel94.htm. Zugriff am 30.07.2015.

Kieslowski, Krzysztof im Interview mit dem TIP: Das fünfte Gebot. AF. In: TIP 2/89. http://web.archive.org/web/20050903180343/www.kieslowski-cinema.de/kieslowski/kiesl_interviews/tip89.htm. Zugriff am 30.07.2015.

Kieslowski, Krzysztof im Interview mit Merten Wortmann: „Selten ist Film der Kunst nahe gekommen". In: Berliner Zeitung, 4.4.1994. http://web.archive.org/web/20050907194450/www.kieslowski-cinema.de/kieslowski/kiesl_interviews/bztg94.htm. Zugriff am 30.07.2015.

Kieslowski, Krzysztof im Interview mit Thierry Chervel: Gegen den Tod. In: Die Tageszeitung, 26.01.1989. http://web.archive.org/web/20050902220736/www.kieslowski-cinema.de/kieslowski/kiesl_interviews/taz89.htm. Zugriff am 30.07.2015.

Manovich, Lev: Post-Media Aesthethics. 2001. http://manovich.net/content/04-projects/032-post-media-aesthetics/29_article_2001.pdf. Zugriff am 29.07.2015.

Manovich, Lev: Understanding Hybrid Media. 2007. http://manovich.net/content/04-projects/055-understanding-hybrid-media/52_article_2007.pdf. Zugriff am 29.07.2015.

Manovich, Lev: What comes after remix? 2007. http://manovich.net/content/04-projects/057-what-comes-after-remix/54_article_2007.pdf. Zugriff am 29.07.2015.

Manovich, Lev: What is digital cinema? 1995. http://manovich.net/content/04-projects/009-what-is-digital-cinema/07_article_1995.pdf. Zugriff am 29.07.2015.

Palmer, Daniel: Lev Manovich. How to speak new media. In: Realtime. 44/2001. http://www.realtimearts.net/article/issue44/5899. Zugriff am 29.07.2015.

Schumacher, Ralph: Das Gehirn und seine Welt. Wahrnehmen und Erkennen als Konstruktionsprozesse. SWR2 Manuskript der Sendung vom 6.6.2004 um 8.30 Uhr. http://www.swr.de/swr2/programm/sendungen/wissen/-/id=660374/nid=660374/did=1632754/1xlucq5/index.html. Zugriff am 26.10.2008.

Stangl, Werner: Das neue Paradigma der Psychologie. Braunschweig 1989. http://www.stangl-taller.at/PSYCHOLOGIE/PARADIGMA/default.html. Zugriff am 18.08.2015.

Tykwer, Tom im Interview: Anything Runs. Berlin 2004. http://www.tomtykwer.com/de/Filmographie/Lola-rennt/Entstehung. Zugriff am 30.07.2015.

Walter, Klaus: Grenzen spielerischen Erzählens. Spiel- und Erzählstrukturen in graphischen Adventure Games. Siegen 2001. http://dokumentix.ub.uni-siegen.de/opus/volltexte/2006/209/pdf/walter.pdf. Zugriff am 29.07.2015.

Walter, Klaus: Nichts Neues unter der Sonne. Spiel- und Erzählstrukturen in graphischen Adventure Games. http://www.dichtung-digital.de/2002/02/25-walter/index1.htm. Zugriff am 12.08.2015.

Weingarten, Susanne: „Der Designer ist der Prototyp unserer Zeit". In: Kulturspiegel. 8/2006. http://www.spiegel.de/kultur/kulturspiegel/0,1518,429390,00.html. Zugriff am 29.07.2015.

AV-Medien:

Holzer, Hansueli: 6000 Jahre Perspektive. Eine Entdeckungsreise durch die Kunstgeschichte. VHS 2002.

6.2 Filmverzeichnis

12.01/ 12.01 UHR (USA 1993)
Regie: Jack Sholder

2001: A SPACE ODYSSEY/ 2001: ODYSSEE IM WELTRAUM (UK/USA 1968)
Regie: Stanley Kubrick

21 GRAMS/ 21 GRAMM (USA 2003)
Regie: Alejandro González Iñárritu

50 FIRST DATES/ 50 ERSTE DATES (USA 1994)
Regie: Peter Segal

5X2/ 5X2 – FÜNF MAL ZWEI (FR 2004)
Regie: François Ozon

A BEAUTIFUL MIND/ A BEAUTIFUL MIND – GENIE UND WAHNSINN (USA 2001)
Regie: Ron Howard

À LA FOLIE… PAS DU TOUT/ WAHNSINNIG VERLIEBT (FR 2002)
Regie: Laetitia Colombani

AMORES PERROS/ AMORES PERROS – VON HUNDEN UND MENSCHEN (MX 2000)
Regie: Alejandro González Iñárritu

APOCALYPSE NOW (USA 1979)
Regie: Francis Ford Coppola

ATONEMENT/ ABBITTE (UK/FR 2007)
Regie: Joe Wright

BECAUSE (DE 1990)
Regie: Tom Tykwer

CHUNGKING EXPRESS (HK 1994)
Regie: Kar-Wai Wong

DER FELSEN (DE 2002)
Regie: Dominik Graf

DIE BLECHTROMMEL (DE/FR/PL/YUG 1979)
Regie: Volker Schlöndorff

DRIFT (CA 2000)
Regie: Quentin Lee

EPILOG (DE 1992)
Regie: Tom Tykwer

ETERNAL SUNSHINE OF THE SPOTLESS MIND/ VERGISS MEIN NICHT (USA 2004)
Regie: Michel Gondry

FIGHT CLUB (USA/DE 1999)
Regie: David Fincher

FLIRT (USA/DE/JP 1995)
Regie: Hal Hartley

GROUNDHOG DAY/ …UND TÄGLICH GRÜSST DAS MURMELTIER (USA 1993)
Regie: Harold Ramis

I'M NOT THERE (USA/DE 2007)
Regie: Todd Haynes

I'M YOUR MAN (USA 1992)
Regie: Bob Bejan

IRRÉVERSIBLE/ IRREVERSIBEL (FR 2002)
Regie: Gaspar Noé

IT'S A WONDERFUL LIFE (USA 1946)
Regie: Frank Capra

L'ANNÉE DERNIÈRE À MARIENBAD/ LETZTES JAHR IN MARIENBAD (FR/IT/DE/AT 1961)
Regie: Alain Resnais

L'AVVENTURA/ DIE MIT DER LIEBE SPIELEN (IT/FR 1960)
Regie: Michelangelo Antonioni

LA DOUBLE VIE DE VÉRONIQUE/ DIE ZWEI LEBEN DER VERONIKA (FR/PL/NO 1991)
Regie: Krzysztof Kieslowski

LE FABULEUX DESTIN D'AMÉLIE POULAIN/ DIE FABELHAFTE WELT DER AMELIE (FR/DE 2001)
Regie: Jean-Pierre Jeunet

LOLA RENNT (DE 1998)
Regie: Tom Tykwer

LOS AMANTES DEL CIRCULO POLAR/ DIE LIEBENDEN DES POLARKREISES (ES/FR 1998)
Regie: Julio Medem

LOST HIGHWAY (FR/USA 1997)
Regie: David Lynch

LUCÍA Y EL SEXO/ LUCÍA UND DER SEX (ES/FR 2001)
Regie: Julio Medem

MAGNOLIA (USA 1999)
Regie: Paul Thomas Anderson

MELINDA AND MELINDA/ MELINDA UND MELINDA (USA 2004)
Regie: Woody Allen

MEMENTO (USA 2000)
Regie: Christopher Nolan

Picnic at Hanging Rock/ Picknick am Valentinstag (AUS 1975)
Regie: Peter Weir

Przypadek/ Der Zufall möglicherweise (PL 1987)
Regie: Krzysztof Kieslowski

Pulp Fiction (USA 1994)
Regie: Quentin Tarantino

Rashomon/ Rashomon – Das Lustwäldchen (JP 1950)
Regie: Akira Kurosawa

Reconstruction (DK 2003)
Regie: Christoffer Boe

Siworae/ Das Haus am Meer – Il Mare (KR 2000)
Regie: Hyun-seung Lee

Short Cuts (USA 1993)
Regie: Robert Altman

Sliding Doors/ Sie liebt ihn – sie liebt ihn nicht (UK/USA 1998)
Regie: Peter Howitt

Smoking / No Smoking (FR 1993)
Regie: Alain Resnais

Surveillance/ Unter Kontrolle (USA/DE 2008)
Regie: Jennifer Chambers Lynch

Swimming Pool (FR/ UK 2003)
Regie: François Ozon

The Butterfly Effect/ Butterfly Effect (USA 2004)
Regie: Eric Bress und J. Mackye Gruber

The End of the Affair/ Das Ende einer Affäre (UK/USA 1999)
Regie: Neil Jordan

Les glaneurs et la glaneuse/ Die Sammler und die Sammlerin (FR 2000)
Regie: Agnès Varda

THE MAN WITH RAIN IN HIS SHOES/ LIEBER GESTERN ALS NIE (ES/FR/UK/DE/USA 1998)
Regie: Maria Ripoll

THE MATRIX/ MATRIX (USA/AU 1999)
Regie: Andy und Larry Wachowski

THE OTHERS (USA/ES/FR/IT 2001)
Regie: Alejandro Amenábar

THE SIXTH SENSE/ SIXTH SENSE (USA 1999)
Regie: M. Night Shyamalan

THE USUAL SUSPECTS/ DIE ÜBLICHEN VERDÄCHTIGEN (USA/DE 1995)
Regie: Bryan Singer

UN CHIEN ANDALOU/ EIN ANDALUSISCHER HUND (FR 1929)
Regie: Louis Buñuel

VANTAGE POINT/ 8 BLICKWINKEL (USA 2008)
Regie: Pete Travis

YING XIONG/ HERO (HK/CN 2002)
Regie: Yimou Zhang

FILM- UND MEDIENWISSENSCHAFT

Herausgegeben von Irmbert Schenk und Hans Jürgen Wulff

ISSN 1866-3397

1 *Oliver Schmidt*
  Leben in gestörten Welten
  Der filmische Raum in David Lynchs *Eraserhead, Blue Velvet, Lost Highway* und *Inland Empire*
  ISBN 978-3-89821-806-1

2 *Indra Runge*
  Zeit im Rückwärtsschritt
  Über das Stilmittel der chronologischen Inversion in *Memento, Irréversible* und *5 x 2*
  ISBN 978-3-89821-840-5

3 *Alina Singer*
  Wer bin ich? Personale Identität im Film
  Eine philosophische Betrachtung von *Face/Off, Memento* und *Fight Club*
  ISBN 978-3-89821-866-5

4 *Florian Scheibe*
  Die Filme von Jean Vigo
  Sphären des Spiels und des Spielerischen
  ISBN 978-3-89821-916-7

5 *Anna Praßler*
  Narration im neueren Hollywoodfilm
  Die Entwürfe des Körperlichen, Räumlichen und Zeitlichen in *Magnolia, 21 Grams* und *Solaris*
  ISBN 978-3-89821-943-3

6 *Evelyn Echle*
  Danse Macabre im Kino
  Die Figur des personifizierten Todes als filmische Allegorie
  ISBN 978-3-89821-939-6

7 *Miriam Grossmann*
  Soziale Figurationen und Selbstentwürfe
  Schauspieler und Figureninszenierung in Eric Rohmers *Pauline am Strand, Vollmondnächte* und *Das grüne Leuchten*
  ISBN 978-3-89821-944-0

8 *Peter Klimczak*
  40 Jahre ‚Planet der Affen'
  Zeitgeist- und Reihenkompatibilität – über Erfolg und Misserfolg von Adaptionen
  ISBN 978-3-89821-977-8

9 *Ingo Lehmann*
  Ziellose Bewegungen und mediale Selbstauflösung
  Das absurde «Genrefilm-Theater» Monte Hellmans
  ISBN 978-3-89821-917-4

10 *Gerd Naumann*
    Der Filmkomponist Peter Thomas
    Von Edgar Wallace und Jerry Cotton zur Raumpatrouille Orion
    ISBN 978-3-8382-0003-3

11 *Anja-Magali Bitter*
    Die Inszenierung des Realen
    Entwicklung und Perzeption des neueren französischen Dokumentarfilms
    ISBN 978-3-8382-0066-8

12 *Martin Hennig*
    Warum die Welt Superman nicht braucht
    Die Konzeption des Superhelden und ihre Funktion für den Gesellschaftsentwurf in US-amerikanischen Filmproduktionen
    ISBN 978-3-8382-0046-0

13 *Esther Lulaj*
    Nimm (nicht) ab!
    Zur Funktion des Telefons im Spielfilm – Von Metropolis bis Matrix
    ISBN 978-3-8382-0125-2

14 *Boris Rozanski*
    Das ungleiche Liebespaar in der 'Screwball Comedy'
    Paarbildung und Selbstfindung von Frank Capras *It Happened One Night* bis zu Jonathan Demmes *Something Wild*
    ISBN 978-3-8382-0145-0

15 *Carolin Lano*
    Die Inszenierung des Verdachts
    Überlegungen zu den Funktionen von TV-mockumentaries
    ISBN 978-3-8382-0214-3

16 *Christine Piepiorka*
    LOST in Narration
    Narrativ komplexe Serienformate in einem transmedialen Umfeld
    ISBN 978-3-8382-0181-8

17 *Daniela Olek*
    LOST und die Zukunft des Fernsehens
    Die Veränderung des seriellen Erzählens im Zeitalter von *Media Convergence*
    ISBN 978-3-8382-0174-0

18 *Eleonóra Szemerey*
    Die Botschaft der grauen Wand
    Über die Vermittlung von Hoffnung und Hoffnungslosigkeit in Aki Kaurismäkis Verlierer-Filmen
    ISBN 978-3-8382-0222-8

19 *Florian Plumeyer*
    Sadismus und Ästhetisierung
    Folter als kultureller und filmischer Exzess im Gegenwartskino
    ISBN 978-3-8382-0188-7

20 *Jonas Wegerer*
    Der nahe Fremde: Der amerikanische Western in den Kinos der Bundesrepublik Deutschland (1948-1960)
    Eine rezeptionshistorische Analyse
    ISBN 978-3-8382-0307-2

21 *Peter Podrez*
    Der Sinn im Untergang
    Filmische Apokalypsen als Krisentexte im atomaren und ökologischen Diskurs
    ISBN 978-3-8382-0254-9

22 *Yvonne Augustin*
    Episodisches Erzählen im Film
    Alejandro González Iñárritus Filmtrilogie AMORES PERROS, 21 GRAMS und BABEL
    ISBN 978-3-8382-0335-5

23 *Julia Steimle*
    Fiktive Realität – reale Fiktion
    Realitätsebenen und ihre Integration im Hollywood-Backstage-Musical, untersucht anhand von THE BROADWAY MELODY, GOLD DIGGERS OF 1933, THE BAND WAGON, ALL THAT JAZZ und MOULIN ROUGE!
    ISBN 978-3-8382-0319-5

24 *Jana Heberlein*
    Die Neue Berliner Schule
    Zwischen Verflachung und Tiefe: Ein ästhetisches Spannungsfeld in den Filmen von Angela Schanelec
    ISBN 978-3-8382-0407-9

25 *Karoline Stiefel*
    Geistesblitze und Genialität – Bilder aus dem Gehirn des Detektivs
    Die Visualisierung von Imagination in den TV-Serien SHERLOCK und HOUSE, M.D.
    ISBN 978-3-8382-0522-9

26 *Stephanie Boniberger*
    Musical in Serie
    Von Buffy bis Grey's Anatomy: Über das reflexive Potential der special episodes amerikanischer TV-Serien
    ISBN 978-3-8382-0492-5

27 *Phillip Dreher*
    Morin und der Film als Spiegel
    Eine theoriegeschichtliche Verortung der Filmtheorie von Edgar Morin
    ISBN 978-3-8382-0486-4

28 *Marlies Klamt*
    Das Spiel mit den Möglichkeiten
    Variantenfilme – Zwischen Multiperspektivität und Chaostheorie
    ISBN 978-3-8382-0811-4

Sie haben die Wahl:

Bestellen Sie die Schriftenreihe
Film- und Medienwissenschaft
einzeln oder im **Abonnement**

per E-Mail: vertrieb@ibidem-verlag.de | per Fax (0511/262 2201)
als Brief (*ibidem*-Verlag | Leuschnerstr. 40 | 30457 Hannover)

Bestellformular

☐ Ich abonniere die Schriftenreihe *Film- und Medienwissenschaft*
ab Band # ____

☐ Ich bestelle die folgenden Bände der Schriftenreihe
Film- und Medienwissenschaft
____ ; ____ ; ____ ; ____ ; ____ ; ____ ; ____ ; ____ ; ____ ; ____

Lieferanschrift:

Vorname, Name ....

Anschrift ....

E-Mail... | Tel.:..

Datum .... | Unterschrift....................................

Ihre Abonnement-Vorteile im Überblick:
- Sie erhalten jedes Buch der Schriftenreihe pünktlich zum Erscheinungstermin – immer aktuell, ohne weitere Bestellung durch Sie.
- Das Abonnement ist jederzeit kündbar.
- Die Lieferung ist innerhalb Deutschlands versandkostenfrei.
- Bei Nichtgefallen können Sie jedes Buch innerhalb von 14 Tagen an uns zurücksenden.

***ibidem*-Verlag**

Melchiorstr. 15

D-70439 Stuttgart

info@ibidem-verlag.de

www.ibidem-verlag.de
www.ibidem.eu
www.edition-noema.de
www.autorenbetreuung.de

www.ingramcontent.com/pod-product-compliance
Lightning Source LLC
Chambersburg PA
CBHW051805230426
43672CB00012B/2634